読み解くうちに、現場で行われている聴き取りが、そもそも正しくなされているわけではないということを知り、これではまずいと思うようになりました。さらには、簡単なように見えて、聴き取りはかなり高度な教育技術を要するものであるということもわかり、理論的に学んでおく必要があると考えるようになりました。

　聴き取りをめぐってさまざまなリスクが生じないように、一定程度ポイントを押さえていれば、不安を払拭することができますし、事案への向き合い方も変わってくるように思います。正しい聴き取りの仕方を知っているのと知らないのとでは大違いです。聴き取りに向かう際の考え方、あるいはそのスタンスを知っておけば、「その聴き取り、アウト！」と非難されることはないのではないでしょうか。

　本書は改訂版『生徒指導提要』を踏まえながら、聴き取りの理論とやり方についてわかりやすくお伝えしています。ベテランの先生方にはもちろん、聴き取り未経験者にもわかるように記しました。新人教員の失敗や管理職等の声も交えていますので、聴き取りの基本姿勢がイメージとしてつかめると思います。

　子どもを守るためにも、さらに自分を守るためにも、正しい聴き取りになるよう、本書が参考になれば幸いです。

2023年夏　片山 紀子

# 目　次

# 1章

# 生徒指導における「聴き取り」とは

# 1 聴き取りの目的

　聴き取りと言っても、学校は教育の場であり、警察とは異なるため捜査権などはありません。学校で行う聴き取りは、子どもに自分の言葉で語ってもらうことで成立します。子どもから客観的事実を可能な範囲で把握し、特定するもので、聴き取ったことをそのあとの指導に活かしたり、保護者や外部機関につないだりするために行うのが、学校の聴き取りです。

　聴き取る際は、子どもの言葉を聴くことが求められます。子どもから話を聴くと言われても、そんなことは普段からやっていることで、「改めて言われなくても」と思うでしょう。例えば、教育相談では、カウンセリングマインドを持ち、子どもに共感しながら「聴く」ことが求められていますし、そのことが現場に少しずつ定着してきてもいます。

　ただ、本書で取り扱う聴き取りは、教育相談で言う「聴く」とは違います。教育相談では、子どもの不安を受け止め、共感しながら聴くことに注力するでしょう。

　他方、本書で取り扱う聴き取りは、何らかの問題が生じ、その部分に焦点を当てて事実を確認し、正確に把握していくものです。ですので、聴く目的や方法、スタンスが教育相談とは異なります。

　聴き取りの仕方がまずいと、余計に問題をこじらせることになりますし、子どもに予測しないことが起きます。聴き取りは最もあなどってはいけないものであり、生徒指導の基本でもあります。

# 2 グレーゾーン事案

　実際には、聴き取りを行ってもよくわからないことがあります。つまり、聴き取っても明確に特定できない場合があるのですが、そのときこそ注意が必要です。いわゆる**グレーゾーン事案**です。聴き取るときは、グレーゾーンがあることをまずはわかっておくことが大事です。これは決して聴き取りも曖昧にしてよいというわけではありません。調べてもわからないことが、実際にはあるのです。なんとしても誰がしたのかなどを明確に特定しなければいけないと思い込むと、危険です。警察で行う聴取の場合であっても、法令や規則に基づいて行っており、勝手に聴取しているわけではありません。「疑わしきは罰せず」や「疑わしきは被告人の利益に」「推定無罪」などといった言葉もあるくらいです。

　明確なルールのない学校で、教育という名のもとに、聴き取りを行うには限界があることをまずは自覚しなければなりません。つまり、聴き取ってもグレーであれば、グレーとして対応する必要があるということです。グレーであるのに黒だと決めつけることは、人権侵害ですし、危険極まりないことです。

　最初からグレーで済ませようとしてよいのだと述べているわけでもありません。はなからグレーに済ませようとすれば、その後の対応も曖昧になります。そんな聴き取り方では、いじめを訴えてきた子どもの命を危険にさらしてしまうことにもなりかねません。真摯に聴き取ったとしても、結果的にグレーで済ませなければならないこともあるということです。

聴き取ってもグレーで、はっきりとはわからなかった場合、「今回は詳しく聞いてもわからなかった。今後は、注意深く見て、定期的に学年で確認していこう。保護者にもそのように報告しよう」といった終わり方になります。組織として対応したわけですから、無駄だったと考える必要などありません。

　一定程度見えているにもかかわらず、グレーになるとき、教員はイライラしたり、腹が立ったりもするでしょうが、「今回はグレーだ」というだけであって、その後は組織で具体的に役割を分担しながら対応を続けていけば、そのことが子どもたちや保護者へのメッセージになります。

　もちろん、薬物事案や大きな金銭問題事案・暴力事案・虐待事案のような場合は、グレーゾーン事案などと言ってはいられません。そうした事案であれば、簡単な聴き取りを済ませた後、早急に警察や児童相談所等に任せます。

# 3 聴き取りは、教員が身につけた習性に反する

　教員は、授業を担当し、授業中や休み時間に限らず、子どもを観察し、同時にたくさんの指導をしています。その中では、「もう少しでできるよ」などと温かく励ましたり、「いいことをしましたね」と子どもの行為を価値づけしたりもしているでしょう。テストの丸付け含めて、成績をつけるという評価も日常的に行っています。

　さらには、安心・安全を守ることが重要であると上からも言われ、無意識のうちに子どもを守らなければならないという感覚で懸命に子どもたちに接してもいます。このため、教員には「子どもを守る」とか「指導する」「評価する」という習性が体に染み付いています。

　この点、大学教員の場合は、研究論文の執筆や学会発表等の仕事が中心だということもありますが、学生への指導のウェイトはさほど大きなものではないこともあって習性も異なります。もちろん授業や論文指導をする中で、「学生を守る」とか「指導する」「評価する」といったことに責任を果たさなくてはなりませんが、相手が大人であり、過度なかかわりはパワハラやアカハラにつながる可能性もあるので、かかわりを自制することもあります。ですから、小中学校の先生が、日々、子どもと向き合っている姿とはかなり違います。「学生を守る」「指導する」「評価する」という側面だけに目を向けてみても、習性はそれぞれ異なっていることに気づかされます。

　小中学校の先生が身につけた習性は、聴き取りの中でマイナスに作用

し、加害と思われる子どもに対して安易に「本当にひどいことをしてくれたものだ」などと価値づけする、あるいは評価するなどして、子どもの人格を傷つけたり、事実に向き合うことからそれてしまったりすることがあるので要注意です。

　聴き取りは、温かさをもちながらも淡々と、いわばビジネスライクに行うものです。それは、そもそも教員の身につけた習性とは違うものであると理解しておく必要があります。

　ビジネスライクと言われると、もしかしたらそこに冷たい印象を持つかもしれません。もちろん聴き取る態度は温かくてよいのですが、用いる言葉に励ましや価値づけ、「しんどかったね」などの評価をできるだけ含まず、なるべくニュートラルに行う必要があるという意味です。

　子どもへの質問は、余計なことを省き、必要最低限の言葉を意識しながら行うようにします。子どもが希望を失うような言葉を投げかけてもいけません。聴き取る際には、日頃の習性を意識的に捨てて行わないと、最初から方向を誤ってしまうという警告です。

## 4 入職前に抱く、聴き取りへの不安

　筆者の勤務する教職大学院は専門職大学院ですから、学部卒院生はほぼ全員が教職に就きます。院生は、ボランティアや専門実習については数多く経験しているものの、まだ正式に教職に就いたことはないので、担任を経験したことはありません。つまり、学校現場で多くの時間を過ごしてはいるものの、真の意味で責任をもって生徒指導をしたことがないのです。修了後は、担任として聴き取りも含め生徒指導を行っていかなければならないので、彼らに聴き取りの何がわからないのか聞いてみました。

### (1) 実際はアドバイスどおりにいかない

　小学校のボランティア先で、児童とかかわったときのことです。2人の児童が休み時間に遊んでいたのですが、お互いに不満を抱き、口論になった末、手を出し合ったという出来事が起きました。そのときに、私がそれぞれの話を聞いていると、話し合っている最中にも互いの悪いところを口々に指摘し合い、私は困ってしまいました。

　その後、児童にどのように聴き取るのがいいのか、知り合いの先輩に相談し、児童同士のトラブルがあったときは、交互に意見を言わせることなどを教えてもらいました。しかし、実際にその場になると、反論しようとする児童にうまく対応できなかったり、被害を受けたと訴える児童が聴き取り中に泣いてしまい、聴き取りが進まなくなったりして、思い通りにい

きませんでした。聴き取りの最後には、強制的に謝らせることはいけない
と教えてもらったため、「これからどうする?」と児童に尋ねるのですが、
無言になってしまうということもありました。

　子どもの権利も大事にしなければならない時代です。これから担任として、
現場に入ったとき、どのように聴き取りをすべきなのか悩んでいます。

(京都教育大学連合教職大学院　及川亜里紗)

## (2) 双方の言い分が違う

　小学校にボランティアに行った際のことです。ケンカが起こり、私が止
めに入った後すぐに担任の先生が話を聴きに入りました。片方ずつに話を
聴くと、2人の児童の意見に違いがあったため、それぞれに聴いた後、2
人一緒に話をしました。聴き取りの最中、「言った」「言ってない」問題が
起こりました。それ以上その事実はわからず、担任の先生はそれ以前の児
童の言動に戻して話を進めていき、最終的には「聴き取り」兼「指導」と
いう形になりました。

　ケンカで双方の言う事実が異なることはとても多いです。このような双
方の言うことが違っていても、聴き取りができていると言えるのでしょう
か。聴き取りをしているようで、指導にならないか不安です。「何が問題
だったかを意識しながら聴く」などと、指導のご助言はいただくのですが、
曖昧な部分が多く不安を抱えています。

(同　山下和花子)

## （3）聴き取りで子どもに嫌われたくない

　私は現在、支援員として学校で勤務していますが、担任の先生が児童に聴き取りを行っている場面を見かけることがこれまで何度かありました。その様子を見ていると、ずっと黙っている児童がいたり、怒られると思って誤魔化したりする児童、中には話をしながら泣いている児童もいて、次年度からの勤務を考えると少し不安になってきます。

　聴き取りは、担任と児童との関係にもかかわる気がしますし、学級経営に影響しそうな気もします。私は聴き取りのあと、児童に「この先生に話したくない」と思われるかかわり方はしたくありません。正直に言うと、児童に嫌われたくないといった想いが強いのです。一方、担任としてしっかりと指導をする必要があることもよくわかっています。次年度担任になったとき、普段の指導と聴き取りの際のかかわり方のバランスをどうしたらよいのか悩みます。

（同　中根佑亮）

## （4）未経験者にはわからないことばかり

　これまで現場でボランティアや実習を行い、それなりに生徒にかかわってきましたが、聴き取りはとても難しいと感じています。まずは、どこまで具体的に聴きとったらいいのかわかりません。具体的に、どこまで場所を厳密に聴くのかなど。経験によるところもあるのだとは思いますが、どこまで詳しく聴いたらいいのかがわかりません。

次に、聴き取るときの教師側の立ち位置がよくわかりません。ありのままを聴こうと思っていても、先入観や教師の思いに引っ張った聴き取りをしてしまいそうで怖いです。どういう気持ちや体勢で聴き取ったらいいのかがわかりません。

　記録の取り方もどうしたらよいかよくわかりません。人の話を聴く際に、そのときはここが重要だろうと思って記録しても、それ以外のところが重要だったことがこれまでもよくありました。教員として聴き取りをする際に、記録の取り方でどこに注意しないといけないのかが今ひとつよくわからないです。

　聴き取りを行う順番も、正直言うとよくわかりません。事案によっては、この順番に聴き取りを行ったほうがよいということであったり、この部分の聴き取りは同時に行ったりしたほうがよいなどといったことがあると思います。まだまだイメージするだけなのでよくわからないのかもしれませんが、現場に入る前にもう少し正しい知識がほしいです。

（同　富澤和矢）

・・・・・・・・・・・・・・・・・・・・・・・・・・・・・・・・・・・・・・・・・・・・・・・・・・・・・・・・・・・・

　まだ現場に出ていない学生や院生であれば、聴き取りは単に子どもに起きたことを聴けばよいと思うかもしれません。これが思っているより難しいのです。一方、現職の先生方は聴き取りを経験しているとしても、我流で行っていたり苦手意識があったりするのではないでしょうか。

　実は、聴き取りの行為は、高度な行為でなおかつ注意を要するもので、それに長けているかどうかは、生徒指導事案をうまく処理できるかどうかの分かれ目になります。

# **5** パターン別の聴き取り

聴き取りと一口に言っても、いくつかのパターンに分かれます。

### （1）目の前で起きて、すぐに聴き取らなければならない場合

　教室で授業をしている際に、相手をなじる言い合い（ケンカ）が起きた、となればすぐに聴き取りの必要が生じます。深刻ないじめかどうか見極めなければいけませんが、子どもの間で起こる小競り合いはよくあることで、それに対して毎回別室で聞き取りを行うというのは、現実的ではありません。ですから、その場つまり教室や運動場などで行うことになります。ここでは、「ミニ聴き取り」と名付けましょう。

　このミニ聴き取りは、他の子どもたちにも聞こえていますので、実はとても大事で、学級経営にも、思っている以上に影響を与えます。みんなに聞こえる聴き取りをしているという認識をもって行うことが大事です。

　ミニ聴き取りの場合は、「友達に手を出すことはしないで、お互い言葉で伝えるようにしようね」などと、子どもに最後に指導をして終わることもあるかと思います。随所で述べますが、ミニ聴き取りであったとしても話を全部聴き終わる前に、どちらに責任があるなど勝手に判断して「○○さんが手を出したのが悪い」などと言うことだけは、しないようにしましょう。

## （2）被害を受けている場合および他から情報を入手し、おおよそ子どもが認めている場合

　子どもたちや同僚教員から、「○○さんが△△さんを叩いていた」「○○さんが友達のノートを破った」、これらの情報については、いじめにもつながることですし、事実確認をする必要がありますから、別室での聴き取りが必要となるでしょう。子どもが認めているのであれば、本人の言う言葉に耳を傾けながら、時系列に沿って聴き取っていきます。聴き取る者が自分の憶測に基づくストーリー、あるいは仮説のストーリーに沿うような聴き取りではなく、時間の経過に伴ってどうだったのかを丁寧に確認しながら聴きます。

## （3）他から情報を入手したが、子どもが認めていない場合

　この場合の聴き取りは最も注意が必要です。誘導したり、決めつけたり、といったことが起きやすいからです。聴き手としては、自分の憶測に沿ったストーリーに帰結させたいと無意識のうちに望んでいるため、誘導や決めつけが生じやすくなるのです。

　子どもが認めないことは、実際よくあることです。その子がしたと思われる情報を持っていて、問いただしても、それでも本人が認めなければそれ以上問い詰めることはしないようにします。学校は警察ではないので限界があり、ある一定のところからは踏み込めないという認識が必要です。例えば、残された指紋の検証であったり、防犯カメラの確認であったり……そんなことは学校ではできません。もしそうしたものが必要な事案であれば、すぐに警察に依頼することを検討してください。

## （4）虐待等が疑われる場合

　虐待等は、子どもが帰宅したあと、子どもの命に直結することもありますから、慎重に対応する必要があります。聴き取りを誰が行うのかなど、最初のアセスメントが重要です。養護教諭やＳＣ等が担うのが適切だとは思われますが、いずれにしても事前に検討してから行います。

　虐待等の場合は、その可能性があるというところまでの聴き取りで、それ以上子どもには聴かないようにしたほうがよいでしょう。子どもがさらに傷ついたり、不安に陥ったりする危険があるからです。児童相談所等に連絡をして、専門的立場から対応してもらうようにします。聴き取りについては、専門家である児童相談所職員等に任せます。

### 児童虐待の防止等に関する法律

（児童虐待に係る通告）

**第6条**　児童虐待を受けたと思われる児童を発見した者は、速やかに、これを市町村、都道府県の設置する福祉事務所若しくは児童相談所又は児童委員を介して市町村、都道府県の設置する福祉事務所若しくは児童相談所に通告しなければならない。

**2**　前項の規定による通告は、児童福祉法第25条第１項の規定による通告とみなして、同法の規定を適用する。

**3**　刑法（明治40年法律第45号）の秘密漏示罪の規定その他の守秘義務に関する法律の規定は、第１項の規定による通告をする義務の遵守を妨げるものと解釈してはならない。

# **6** 学級経営への影響

　本書は、学校で起きる子ども同士のトラブル、さらにはマスコミで見聞きするいじめ事案のようなやや大きな事案での聴き取りをイメージした書です。そうすると、もしかしたら自分にはあんまり関係ないと考えるかもしれません。しかし、教室では、ちょっとした言い争いが日常茶飯事に起きていることでしょうし、その場で短く聴き取っていることかと思います。聴き取りは、仮に担任でなくとも誰にでも関係する内容なのです。

　その際は、別室まで移動して行わず、その場でちょっとした聴き取りを行っているはずです。本書では、それをミニ聴き取りと表現しています。例えば、教室内を歩いていた際に、相手の体に故意にではないがふれてしまい、叩かれたと言い争いになってもめるような事案は日々起こり、教室内でそれに対するミニ聴き取りが毎日のように行われているのではないでしょうか。

　本書が取り挙げているのは、別室に呼び出して行う聴き取りですが、そのやり方を知ると、何より教員の聴き取りへの意識が異なってきて、教室でのミニ聴き取りも変化します。

　そのことが与える学級経営への影響は決して小さくありません。教室内で行う日常的なミニ聴き取りの様子は、見てないように見えて、周りの子がじっと覗いながら見ているからです。先生がどのように当事者に聴いて、どのように対応しているかは、周りの子どもが静かに見聞きしています。子どもたちは先生が自分たちに何を期待しているかを黙って読み取っ

ているのです。

　例えば、カウンセラーが教育相談をしたり、司法面接官が司法面接を行ったりする場合は個室で行われ、１対１での対応が基本となります。司法面接では、記録の担当者が同室にいたり、別室で担当者がモニターしていたりすることもありますが……。

　そのため、他の子どもにその対応の様子を聞かれることも見られることもありません。一方、担任が学級で行うミニ聴き取りは、学級の子ども全員に聞こえていますし見られてもいます。教育相談や司法面接とは明らかに違うのです。

　ミニ聴き取りは教員が思っている以上に、学級経営に影響を与えます。**集団指導の場が多くを占めるのが学校の特質ですから、教員のミニ聴き取りは「他の子どもに聞こえている、見られている」**ということをしっかりと意識することが大事です。

# 7 「子ども同士のトラブル」と 軽く片付けるのは危険

　いじめ重大事態の第三者調査委員会報告書に、「学校は子ども同士のトラブルと考えていた」といった記述を見かけることがあります。学校がその事案をいじめとはとらえておらず、「子ども同士のよくあるトラブル」、あるいは「ちょっとしたいざこざ」と見て、軽く片付け、いじめへの対応をしていなかったというものです。

　「いじめ防止対策推進法」第2条のいじめの定義には、「この法律において『いじめ』とは、児童等に対して、当該児童等が在籍する学校に在籍している等当該児童等と一定の人的関係にある他の児童等が行う心理的又は物理的な影響を与える行為（インターネットを通じて行われるものを含む。）であって、当該行為の対象となった児童等が心身の苦痛を感じているものをいう」とあります。

　大人の目からすると、子ども同士の小さなもめごとは、よくあることなので軽く考えてしまうかもしれませんが、いずれかの子どもがそれによって心身の苦痛を感じたのであれば、「いじめ防止対策推進法」では、「いじめ」に該当することになります。

　トラブルやいざこざが起きれば、いじめを視野に入れ、子どもに聴いて確認し、適切に対応するようにしましょう。そうすれば、大きく躓（つまず）くことはありませんし、その後、余計なエネルギーを費やして教員が疲弊することもありません。もちろん困っている子どもを守ることもできます。小さなトラブルだと見て、安易に見過ごすのは危険です。

# 2章

令和時代の「聴き取り方」

# 1 間違った聴き取りが、「不適切な指導」や「指導死」につながる

　かつては聴き取りの最中に、「お前が盗んだんだろう？！」といったような決めつけた言い方や「そんなんじゃ人間失格だ」といったような、人権侵害が疑われるような指導が当たり前に行われていました。生徒指導には管理的な手法が採られていましたから、厳しい聴き取りができない教員には冷たい視線が注がれ、「ダメ教員」という烙印すら押されていたのではないでしょうか。

　先日、ある20代の先生が自身の勤務先での体験を伝えてくれました。「どれだけ時間をかけても、自供させることに意味があると先輩から言われたんですけど……」。

　ということは、残念ながら今でもそのような学校が存在しているということになります。先輩教員の言葉が、責任感から生じるものであることはよくわかりますが、その姿勢は危険極まりなく、この先大丈夫だろうかと心配になります。そもそも学校は警察ではありませんし、「自供」という言葉にも違和感を覚えます。

　聴き取りの中で、教員が不適切な指導をして、聴き取りの最中ないしは聴き取り後に子どもが自死するという事案（いわゆるつまり指導死）が実際に起きています。ある中学校では、聴き取りのあと、学校近くの駅で電車に飛び込むという事案が起きました。この事案について、第三者調査委員会が自死の原因は「教員の威圧的な指導が要因と推定される」と指摘しています。

　報告書によると、部活顧問らは、証拠がないのに当該生徒の関与を疑い、2回で計20数分の聴き取り調査を実施しました。その調査で、生徒は関与を否定していたのですが、その後自死したのです。

　第三者調査委員会は、「顧問ら教員が『自白』させるために『防犯カメラ映像をチェックできる』などと、うその説明を加え、厳しい処分を予告したと認定した。複数回の聞き取りを行う必要性が乏しく、威圧的な態度で不適切だったとして『教育的指導というより、犯人を捜すかのような手法』と批判し」ています（KYODO, 2023）。

　聴き取った教員は、事実を把握しようとしたに過ぎないのかもしれませんし、そのような悲しい結果になることなど想像すらしていなかったでしょう。しかし、間違った聴き取りは「不適切な指導」につながり、子どもが傷ついたり、最悪の場合、校舎から飛び降りたりするなどして自死する可能性もあるのです。裁判になれば、自死の「予見可能性（予見できたか）」や「結果回避可能性（回避できたか）」においても争われるでしょう。

　聴き取りには、危険性があるということを認識した上で臨むことが大事です。

# 2 リーガルナレッジが求められる

　2022年12月に、生徒指導の基本書である『生徒指導提要』が改訂され
ました。2012年の『生徒指導提要』と比較したとき、その大きな違いは
**リーガルナレッジ、すなわち法知識**の理解が強調されている点です。コン
プライアンス（法令遵守）を意識しながら生徒指導を行うことが、以前に
比べてより強く求められるようになっているのです。

　その背景には、さまざまな法改正や通知が生徒指導に関連して続々と出

### 近年に見るさまざまな法などの変化

| 年 | 法などの変化 |
|---|---|
| 2013 | 「障害者差別解消法」が制定され、合理的配慮が求められるようになった（同法は2024年に改正され、民間でも合理的配慮が求められるようになった）。 |
| 2015 | 「性同一性障害に係る児童生徒に対するきめ細かな対応の実施等について」の通知が文部科学省より出された。 |
| 2019 2020 | 教師による体罰は以前から禁止されているが、2019年には「児童虐待防止法」が改正され、2020年4月より親の体罰も禁止されるようになった。 |
| 2019 | 「改正労働施策総合推進法」（パワハラ防止法）が改正され、大企業では2020年6月から、中小企業でも2022年4月より、ハラスメント対策の強化が義務付けられるようになった。 |
| 2021 | 「教育職員等による児童生徒性暴力等の防止等に関する法律」が制定された（2022年4月施行）。 |
| 2022 | 「子ども基本法」が成立した（2023年4月施行）。 |
| 2022 | 『生徒指導提要』が改訂された。 |
| 2023 | 内閣府の外局に、こどもの視点に立って意見を聴き、こどもの利益を考え、こどもの権利を守るための「こども家庭庁」が開設された。 |

され、同時に子どもの人権も重視されるようになってきたことがあります。そうした変化を踏まえれば、聴き取りについてもリーガルナレッジを強く意識しなくてはならない時代に入っているということです。

　では、どのような法改正や文部科学省からの通知があったのか、概観してみましょう。前頁「近年に見るさまざまな法などの変化」をご覧いただくとわかるように、障害に対する合理的配慮やパワハラの防止、親の体罰の禁止、教職員の性暴力の禁止、子どもの人権擁護など各方面から、社会も学校も大きく変化が促されている状況にあります。

　聴き取りをする上では、個人情報の取り扱いも重要です。例えば、聴き取り後には、保護者から「子どもが喧嘩をした相手の子の家の電話番号を教えてほしい」と言われることがあります。しかし、「個人情報保護法（正式名称：個人情報の保護に関する法律）」によって、取り扱いには相当に配慮が必要です。仮に教えるとすれば、相手保護者の同意が必要です。

　さらには、聴き取りを録音・録画してよいかといった疑問もよく学校現場から聞こえてきます。これも個人情報にかかわってきますので、後述しますが丁寧に手続きを踏んで行う必要があるでしょう。

　また今後は、教員が行う聴き取りに、弁護士等を同席させてもよいかという質問が保護者から出るようになるかもしれません。さまざまな状況が以前とは異なってきました。そうした状況にある「今」という時代を意識し、リーガルナレッジを踏まえた聴き取りを行うことが求められるようになっています。

# 3 『生徒指導提要（改訂版）』が示す 聴き取りのポイント

『生徒指導提要（改訂版）』を確認すると、「第6章　少年非行6.3.2、同
6.3.3、第7章　児童虐待7.5.1」等に、聴き取りに関する記述があります。
以下に、『生徒指導提要（改訂版）』が示す聴き取りにかかわる部分から、
重要だと思われる箇所を、筆者によるポイントとともに抜粋して示します。

## ポイント 1　個別に1人ずつ聞く

聴取場面の設定として、聴き取りの対象が複数である場合は、全員を同
席させて聴取することは適切でない。複数人を一度に聴き取ってしまう
と、他の者の発言を受けて、見聞きしたことや、記憶した内容は異なる可
能性がある。

## ポイント 2　守秘できないときは、守秘できないと子どもに伝える

聴取を受けた児童生徒は、自分が話した内容が他者や保護者に伝わるの
ではないかと心配することがあるが、そのような場合は、心配する気持ち
を理解し、児童生徒本人にとって望ましい形となるように教職員同士が話
し合うことを伝え、児童生徒の希望に沿うよう最大限の努力をすることが
必要としながらも、「他の人には絶対に話さない」といった、守ることの
できないことや、結果的に嘘になり得ることを約束することは避けなけれ
ばならない。聴き取った内容によっては守秘できないことがあることを児
童生徒にも理解してもらうことが大切である。

## ポイント 3　オープン質問を用い、誘導を避ける

　聴取の際は、教職員が誘導することなく、児童生徒本人の自発的な語りを導き、正確な記憶を引き出すことが重要である。そのためには、相手に対して提示する情報を減らすことが鉄則である。

　相手に「はい」か「いいえ」で回答を求める質問や、選択肢を提示するクローズ質問は、誘導の可能性が高くなる。クローズド質問を使わざるを得ない場合には、その質問に児童生徒が答えた後に、「そのことについてもっと詳しく話してください」と自由再生質問を追加して行うなどの留意が必要である。特に、「○○だったよね」といった、聴取者側の考えを反映した誘導質問は、正確な事実の聴取を妨げるだけでなく、児童生徒の反発心を招きやすくなるため、避けなければならない。（参考→第4章）

## ポイント 4　教師の持つ仮説を検証する

　聴き取りの際、仮説を持つのは自然なことであるが、あくまで仮説であることに留意しなくてはならない。もし、仮説が事実であると思い込んでしまうと、誘導質問を招きやすくなる。その結果、正確な事実を聴き出すことができなくなる可能性もある。聴取は、「仮説の確認」ではなく、「仮説の検証」でなければならない。

## ポイント 5　何を聴き取るか準備してから行う

　仮説とは別の可能性（対立仮説）を想定し、仮説と対立仮説の双方を確認する質問を行うべきで、聴取する前には、何を尋ねるのかを準備して臨

むことが大切である。事実の確認は、客観的事実を児童生徒の協力を得ながら行う。

**ポイント 6 決めつけを避け、自由再生質問で粘り強く聴く**

　児童生徒が嘘をついているかもしれない、と疑われる場合も、嘘をついていると決めつけるのではなく、対立仮説を確認する質問を行い、「さっき○○と言っていたけど、そのことをもっと教えて欲しい」と自由再生質問で詳細を聴き出し、辛抱強く見極めていくという姿勢が求められる。

**ポイント 7 虐待や犯罪等のおそれがあるときは他機関に委ねる**

　聴取事項が虐待や犯罪等にかかわるおそれがある場合は、誰が、どうしたかという最低限の質問にとめ、詳細は警察や児童相談所等の関係機関による聴取に委ねることが重要である。

　以上、筆者によるポイントととともに抜粋して示しました。以前の『提要』では、聴き取りに関する記載はなかったのですが、改訂された『生徒指導提要』では、聴き取りにページを割いて注意喚起しています。

〈引用・参考文献〉
・嶋崎政男（2022）『学校管理職・教育委員会のためのいじめを重大化させないQ&A』エイデル研究所
・文部科学省（2022）『生徒指導提要』
・共同通信web版　KYODO「『教員の威圧的指導』を認定　東京、中1自殺で第三者委」2023年6月24日 https://news.yahoo.co.jp/articles/266ffe5269ec6ccbeabc243aef748cbc8bf372c0（2023年8月7日最終確認）

# **4** 録音・録画について

　最近は、「聴き取りの際に、録音・録画をしてよいか」といった質問が、現場の先生方からよくあがります。子どもの声や姿は個人情報にも相当しますので、意見が分かれるかもしれません。賛否両論あるでしょうが、筆者は、これからの時代は必要になるのではないかと予測をしています。

　録音・録画によるメリットは下記のとおりです。

> ### メリット
> - 聴き取ったことを正確に記録することができる。
> - 聴き取った内容が正しいものであるかどうか、後で確認できる。
> - 曖昧な部分があったとき、子どもに聴き直したいとき、後で何度でも見直して検証することができる。
> - 確認のために、再度子どもを呼び出すことが減る。
> - 教員の聴き取り方が正しいものであったかどうかが検証できる。

　実は聴き取りで見過ごされやすいのが、聴き手の発した質問です。通常、聴き取れば記録をしますが、その記録に聴き手の質問が記録されていることはまずありません。子どもの発言内容は記録されていますが、そこに聴き手の質問が残っていないことは、問題ともいえます。

　録音・録画がなく、紙に記された記録しか残っていなければ、子どもの発言が、本人の自発的な発言なのか、あるいは教員の誘導によって導き出された発言なのかがよくわかりません。聴き取りが正しかったかどうか

は、録音・録画を確認しなければ判断しづらいのです。

　録音・録画することの最大のメリットはそこにあるかもしれません。つまり、行った聴き取りが正しいものであったかが、検証できる点にあるということです。それによって、教員が正しい聴き方をするように意識を転換することも期待できます。

　録音・録画については、取り扱いに不注意があればトラブルが起こることは十分に考えられます。それらを避けるためにも、もし録音・録画するとすれば、まずは教育委員会等で規則を決めるなどして、手続きを定めてから行うことが望ましいです。個人の判断で行うことは避けましょう。

　教育委員会がスクールロイヤー等と協議した結果、録音・録画するとなった場合は、各学校においてまずは入学式や4月の保護者会、お便り等できちんと周知しておく必要があります。どのようなときに、録音・録画するのか、録音・録画したものをどのように用いるのか、どのように保存し、どの段階で破棄するのかなどについてです。

　実際に、録音・録画する際も「私が聞き漏らすといけないので、録音させてもらいますね」「大事なことなので撮影させてもらいますね」と、事前に子どもに伝えて行います。

　対応が難しくなりそうだと思われるいじめ事案等では、録音・録画することをお勧めします。ただし、適切に運用しなければ、情報漏洩等にもつながってしまいますので注意深く行ってください。

# 3章

## 聴き取り前の準備

# 1 いきなり聴き取るのは危険

　事案が発生したら、できるだけ早く聴き取るのが鉄則です。教室で日々必要とされるミニ聴き取りではそれが可能ですし、実際はそうしないと次から次に事案が起こってしまい、聴いておかなくてはいけない子どもを置いていってしまうからです。ミニ聴き取りだけでなく、別室で聴き取る必要のある事案の場合でも、時間とともにどんどん大事になっていくことがあるので、それは同じです。

　ただ、本書で取り扱っている別室で聴き取るようなやや大きな事案の場合、いきなり聴き取りに入るのはお勧めできません。いじめ事案の第三者調査委員会の報告書等で、「初期対応に課題があった」とか、「学校の対応が遅い」などと、指摘されることが多いので、とにかく急いで聴き取ることが正しいことだと思いがちですが、それは間違いです。なんの準備もせずに聴き取りを始めると、やり方を誤るなどしてとても危険です。大まかでよいので準備をしてから開始しましょう。簡単にアセスメントし、戦略を練ってから行う、これが正しい初期対応です。実際にはアセスメントの時間は長く取れないので、短くても構いません。戦略を欠いたまま急いで開始すると、子どもを傷つけたり、追い込んだりしてしまいます。

　筆者は、常々「**全方位かつボーダレスに承認される生徒指導**」を推奨しています。誰から見ても学校外の人から見ても、説明ができ、納得が得られる生徒指導です。多方面から見て、「その聴き取り、アウト！」と言われないよう、事前に準備して、心を整えた上で臨みましょう。

# 2　事前の準備

　ケンカ事案やケガ事案、いじめ事案、対教師暴力事案、犯罪案件（器物損壊、恐喝、窃盗）、虐待案件（聴き取り中の発覚も含む）、SNS誹謗中傷事案、LGBTQによるいじめ事案、ひとり親家庭などで配慮が必要な生徒が含まれる事案等、いろいろな聴き取りケースがあります。実際に配慮することはそれぞれ少しずつ違いますが、基本の流れは同じです。

## （1）調整する

> ● 聴き取り担当者を決める
>
> ● 役割を分担し、流れを確認する
>
> ● 時間調整をする

　まず、誰が聴き取るのがよいのかを、初期段階のアセスメントで判断します。

　保護者へのその後の説明を考えると、担任や部活担当教員が聴き取ることになるかもしれません。特に被害者については担任が行うのがよいでしょう。ただ、子どもにすれば「担任の先生によく見られたい」など余計なことを考えてしまうので適任ではないこともあります。距離が近過ぎることによって子どもが圧迫感を抱くことも想定されますから、事案によっては担任や部活担当教員は、避けたほうがよいです。子どもにとって話しづらい担任など、避けたほうがよい教員については、聴き取りの担当から外

します。

　女子に対する猥褻事案が疑われる事案であれば、女性教員が行ったほうがよいでしょうし、なかなか話しそうにない子どもであれば、教育相談担当の話しやすい先生が入るのもよいでしょう。子どもの心理面にも配慮し、必要に応じてＳＣ等を同席させるのもよいでしょう。

　ミニ聴き取りは１人で行いますが、別室での聴き取りになれば、原則複数体制となります。聴き取る教員の数が多すぎると子どもはプレッシャーを感じるので、２人など少ない人数におさえたほうがよいです。

　誰が対応するのかが決まれば、担当者の時間調整をしなければなりません。

## （2）順番を決める

- 最初に通報者、次に被害者、続いて加害者の順に聴き取る。目撃者がいればその後に行う（通報者や目撃者がいないこともある）。
- 対象の子どもが複数いる場合、「複数箇所で同時進行で行う」「１箇所で順次行う」等の手順について確認する。
- 加害者・被害者が複数の場合、複数の教員で同時に聴き取る。

　被害者がどう語るのかがまずは重要なので、被害者に先に聴きます。そのあと加害者に聴き取るときは、被害者の語りと齟齬が見られる点を質<sub>ただ</sub>しながら聴きます。複数を同時に聴き取ると、発言力に強い子どもが言ったことに他の子どもが同調することがあるので、個別に行います。また、聴く時間に間を空けたり、別日に行ったりすると口裏合わせをして、事実が

特定できなくなることがあるので、一気に行うことが大事です。

　被害者に聴き取っていることが加害者等にわかると解決が難しくなったり、そのあとさまざまな誤解を含む噂が広まったりもしますので、ほかに悟られることのないようにしないといけません。被害者であれ、加害者であれ、場合によっては保護者に連絡の上、子どもが自宅に帰宅してから家庭訪問して聴くこともあります。

## （3）必要な物を用意する

- メモ用紙（記録用紙）
- 録音・録画の機器（今後のことを見据えて、要検討）

　記録用紙については、まずは記録者自身に書いた内容がわかればよいので、どのようなものでもかまいません。5W1H を意識したいときは、用紙のどこかに「5W1H」と書いておくとよいですし、また客観的に書くことを記録者が自分に課したいときは、「ニュートラルに」などと書いておくのもよいアイデアです。

　録音・録画の機器については、第2章でも述べたように、現段階では使用しないほうがよいかもしれませんが、将来的には必要となるのではないでしょうか。その際は、学校として事前に保護者に周知しておくことはもちろん、管理職の許可を得るなどして、勝手に行うことはしないようにしましょう。

## （4）時間と場所を設定する

- 学習に支障のない時間帯を選ぶ。
- 他の子どもから見えにくい落ち着いた場所を選ぶ。
- 周りに他の子どもがいないことを確認し、ドアを閉めて聴き取る。
- 座り方は「ハの字型」（P.62参照）が理想だが、子どもが安心して話せる座り方を工夫して設定する。

　先生に呼び出されること自体が、子どもにとってはかなりのショックで、動揺を感じるものです。できるだけ友達から不思議に思われない放課後などの時間に行うのがよいでしょう。もちろん一刻を争うような事案であれば、授業中に呼び出して行うこともあります。

　子どもの出入りが激しい場所や人目につく場所ではなく、静かで落ち着いた場所が望ましいでしょう。聴き取りを開始する際は、周りに他の子どもがいないことを確認して行います。声が漏れないように、聴き取り部屋のドアは閉めて行います。事案によっては、場所が自宅になることもあります。

## （5）呼び出し方を決める

- 誰が伝えるのか
- いつ伝えるのか

　例えば、「放課後の時間に昨日の帰り道で起きたことについて少し話を聞かせて欲しいです。心配しなくて大丈夫です。都合はどうですか？　了

解してくれるようであれば、〇〇教室で帰りの会が終わり次第待っています。部活の〇〇先生には私のほうで伝えておきます」などと、他の子どもがいないところで、呼び出す少し前に伝えるのがよいかと思います。

　子どもによっては、びっくりして不安に思うでしょうから、「丁寧な口調」「穏やかなトーン」を意識しながら伝えます。

　子どもにも習いごとや塾など都合がありますから必ず確認します。都合を聞かれないと、なかなか子どもは自分から言い出しにくいと思います。

　金銭や暴力事案、いじめの深刻な事案の際に、聴き取りをしたい対象の子どもが、「今日は塾があって早く帰宅しないといけないので、できません」と言うことも考えられます。その場合は、「わかりました。塾は何時に終わりますか？　お家の人に連絡をして、その時間に家まで行きます」という対応になります。一刻を争う場合は、当日の対応が基本だからです。

---

### 保護者や弁護士を同席させてほしいと希望された場合

　保護者や弁護士の同席は、希望があれば認めて構いません。ただし、保護者や弁護士に話を聴くのではなく、子ども本人に聴くということ、本人に語ってもらう時間だということを確認し、それが叶わないときは（口を出してくるなどして支障がある場合）、退出してもらうことを事前に示しておきましょう。

# **3** チェックリストで確認

　以下は、聴き取りのためのチェックリストです。最低これだけは準備して始めましょう。

- □「ニュートラルな姿勢で聴き取りを行う」心構えができたか？
- □ 管理職・生徒指導主事・学年主任・SC・SSW等を含む簡単なアセスメント（問題の把握と見立て）をしたか？
- □ 聴き取り役や記録役等の役割分担をしたか？
- □ 何を聴き取るか、どのように聴き取るかなど、簡単な段取りができたか？
- □ 複数の生徒に同時に複数の教員が聴き取る場合、聴き取り方（聴く内容や明らかにしたいポイント等）を共通理解したか？
- □ 聴き取り後の工程を想定したか？（報告や指導等、場合によっては警察等への連絡）
- □ 誰が子どもを呼び出すのかを決めたか？
- □ どの順番で呼び出すのかを決めたか？（いじめ事案等では被害者が先）
- □ 聴き取る場所を予約するなどして確保したか？
- □ 記録者は、記録用紙を用意したか？

4章

話の聴き方

# 1 子どもの人権に配慮した聴き方

　客観的事実を把握するには、決めつけを排除して中立的な姿勢で臨むように努めましょう。教員の言葉ではなく、子どもの言葉で自由に話してもらうことが聴き取りでは最も重要です。

　特に、人権に配慮した聴き方は大事です。「自分より子どものほうが下だ」という考えが、教員の中に無意識のうちにあると、子どもの人権を侵害してしまいます。以下、「子どもの権利条約」の4つの原則のうち、聴き取りに関係すると思われるものを抜粋します。

---

**子どもの最善の利益**（子どもにとって最もよいこと）

　児童に関する全ての措置をとるに当たっては、公的若しくは私的な社会福祉施設、裁判所、行政当局又は立法機関のいずれによって行われるものであっても、児童の最善の利益が主として考慮されるものとする。（第3条）

**意見を表明する権利**

　児童が自由に自己の意見を表明する権利を確保する。児童の意見は、その児童の年齢及び成熟度に従って相応に考慮される。（第12条）

---

　聴き取っているとき、子どもが嘘をついていると感じた経験はないでしょうか。もしかしたら子どもの捉えは、聴き手が考えているものと違うかもしれません。自分では気がつかず、人から聴かれて初めて「そういうことか……」と認識する場合もあります。

　例えば、複数の目撃情報をもとに「田中さんが佐藤さんを殴っていたのを見た友達がいるのですが、どうですか？」と問うたとしても、「いえ、そんなことはしていません」と加害者と思われる子どもが答えることがあります。複数の目撃情報を得ている教員からすると、嘘を言っているようにも見えますが、田中さんからすると、じゃれあっていただけで、殴っていたとは思っていないのです。つまり、子ども自身は認識できていないわけです。

　「じゃあ、佐藤さんと遊んだことはありますか？」と尋ねられて初めて、「佐藤さんとプロレスごっこをして遊んだことはある」と言い、そこから急に話し始めることは珍しくはありません。表面的に捉えると、嘘をついているように見えて腹が立ち、そこから人権侵害が生じることがあるので注意しましょう。

　2022年6月に制定され、2023年4月に施行開始となった「こども基本法」第3条4項は「**全てのこどもについて、その年齢及び発達の程度に応じて、その意見が尊重され、その最善の利益が優先して考慮されること**」と、子どもの意見を尊重することにふれています。

　子どもの年齢や発達の程度に応じて、どの子も差別なく、一人ひとりにとって最もよいことを優先しながら、彼らの意見を聴くことが求められているのです。

## 2 言葉遣いや子どもの呼び方

　子どもを尊重するその一つの表れとして、聴き取りの際は意識して、「丁寧語」で話すことをお勧めします。「○○だったの？」のような親しい言葉遣いのほうが子どもは話しやすいのではないかと考える方もいるでしょう。しかし、くだけた話し方は避けたほうが無難です。

　子どもの呼び方も大事です。「鈴木さん」という具合に、「さん付け」で呼びかけたほうがよいでしょう。

　では、なぜ丁寧語を使ったほうがよいのでしょうか。必ずしも丁寧語で行わなければならないわけではありませんし、場が固くて少しくだけて話したほうがよいことも実際にはあるでしょう。

　例えば、虐待を受けた子どもへの司法面接では、面接者から子どもに対して「何があったの？」「そのことをもっと話してくれる？」というような柔らかい言い方がなされると思います。それは、不安を感じている子どもに配慮していることもありますが、もともと子どもとの間に距離があるからで、距離を縮めて子どもに話してもらう工夫の一つです。

　一方、学校で丁寧語を使ったほうがよいのは、逆に子どもとの距離感を保つためです。学校ではお互いが知っている近い関係のため「あえて子どもとの距離感を意識したがよい、そのためには言葉遣いや子どもの呼び方に気をつけたほうがよい」ということです。

　名前を呼び捨てにしながら命令調で聴いていると、子どもに反抗的な態度が見られたときなど、何かのきっかけで怒りのスイッチが入って、聴き

取りをしているつもりが途中から急に指導に移行してしまうことがあります。

　言葉遣いや名前の呼び方は、相手との距離感を示すものだといえます。1980年代を中心とする非行の多かった頃は、校内暴力や暴走族という形で、子どものエネルギーは外に向けられましたが、今日ではリストカットや自死など、エネルギーが内に向かう傾向にあります。

　子どもが荒れていた時代は、教員が子どもに対して「おまえ」と呼んだり、大声で怒鳴ったりすることは、学校の当たり前の風景となっていました。しかし、今ではそうした言動は「不適切」だということになり得ますので、慎重に子どもと接するよう心がけましょう。

　聴き取りをしたら、そのあと記録に記します。その記録は公文書扱いにもなるものです。その点を考えても、相手を尊重し、子どもとは適切な距離感を保って、自分を律しながら冷静に行うことが求められます。

# 3 聴き取り者の話す量は 最小限を意識

　聴き手である教員は、子どもより長く話しすぎてはいけません。教員が話せば話すほど、聴き取りの目的からそれていきます。

　子どもの司法面接に詳しい仲（2016）によると「面接者が子どもよりも多く話している面接は要注意」だそうです。「面接者が子どもの話したことを繰り返しているだけであればまだしも、子どもが話していない事柄を提供することで、それが誘導となったり、記憶を**汚染**したりする可能性が高まるからである」とその理由を述べています（注：汚染とは、実際に起こった経験が、事後に提示された情報等によってもともとの経験の記憶が変わってしまうこと）。

　教員は、なぜ子どもより長く話しすぎてしまうのでしょうか。子どもに聴き取りを行うとき、最も不安になるのが、おそらく「沈黙」の時間です。沈黙されると、子どもになんとか話をして欲しくて、教員が次々としゃべってしまいます。そうすると、結果的に話した量が子どもよりも多くなってしまうのです。そうなるとどうでしょうか。聴き手である教員のほうがどんどん先に言ってしまい、知らず知らずのうちに誘導してしまうことになります。

　教員が話しすぎると、子どもの「**被暗示性**」も高くなってしまいます。「被暗示性」とは、他者からの暗示や誘導を受け入れ、実際になかったことが、あったかのように感じられてしまう傾向性のことです。

　例えば、A君を叩いたと思われるB君に「悪口を言われたから叩いたの

ですか？」と聴くと、そうだったかもと思い、B君は「うん」と答えたり
します。しかし、実はA君が別のC君を叩いているのを見てC君を助けた
いと思ってA君を叩いたということもあるわけです。教員が先々に言って
しまうと、子どもは発達が未熟なため、被暗示性にかかりやすくなること
を知っておきましょう。

　正しい聴き取りは、ニュートラルな立場で、適切な言葉を選び、温かい
気持ちを持ちながらも、聴き手の言葉を控えて、淡々とビジネスライクに
行うものです。子どもの記憶を汚染しないように、あるいは子どもの被暗
示性が高くならないように、教員の発話量はできるだけ少なくなるよう意
識しましょう。沈黙が続くときは、次項のオープン質問の4類型を参考に
質問してみてください。

## 4 質問の種類

　オープン（開いた）質問とは、聴き手の誘導や暗示、不適切な情報の入らない質問のことです。具体的には、「何がありましたか？」「自由に話してください」という質問です。

　聴き手の持つ情報を含まず、質問を焦点化していないので、より正確で、幅広い情報を得ることが期待できます。オープン質問によって、自発的報告を引き出すこともできます。

　教員の描くストーリーに沿わせることを避けるためには、まずオープン質問で、子どもにできるだけたくさん自由に話してもらうようにすることが大事です。子どもの話はたどたどしいため、聴いているうちに確認したいことが次々と出てくるかもしれませんが、子どもが出来事の一部始終を話し終えるまで、遮らないようにしましょう。

　ただ、「できるだけオープン質問にしてください」「話を遮らないようにしてください」と言われてもなかなか難しいかもしれません。

　子どもの発話を促す質問には、以下のような4つのタイプ（オープン質問の4類型）がありますので参考にしてください。


## （1）オープン質問
### ①誘いかけ質問
　下線部のように、誘う言葉があると子どもは話しやすくなります。

> 「何がありましたか？　どんなことでも全部話してください」
> 「何があったか最初から最後まで話してください」

## ②時間分割質問

細かく時間を限定して質問しながら、情報を得ていきます。

> 「それからどうしたんですか？」
> 「そのあとはどうなりましたか」
> 「その間で何がありましたか」

## ③手がかり質問

子どもが述べたことについて、さらなる情報を得る質問です。

手がかり質問は、「いつ？」「どこで？」などを聴く「5W1H質問」をオープン質問でペアリングさせるとき、あるいはクローズド質問をオープン質問でペアリングさせる際に有効です。

なお、ペアリングについてはP.53で詳述します。

> 「さっき言ったこと（叩かれた）ことについてもっと詳しく話してください」
> 「肩を叩かれたと言ったけど、もっといっぱい話して先生に教えてください」

### ④それから質問

　子どもの報告をできるだけ持続させ、多くを話してもらうために、「そして」「それから」「それで」「そのあとは」などと尋ねる質問です。子どもの話が**終わったように感じたら**使います。

　子どもには、最初に出来事の最初から最後まで一連のことを話してもらうことが大事です。しかし、聴き手がそれを妨げていることがあります。「話が終わった」と勝手に思って、5W1H質問やクローズド質問に入ってしまわないようにしましょう。最後まで話すよう促すためには、それから質問は不可欠です。**その先に、すでに話したことよりも「もっと大事な内容がある」**ことがあるのです。

> 「それから？」
> 「そのあとは？」

## （2）クローズド質問

　オープン質問に対するものが、クローズド（閉じた）質問です。

　例えば、「友達にいじわるをしたんですか？」といった聴き方は、答えが「はい」か「いいえ」のどちらかになり、回答の幅が広がりません。これをクローズド質問と言います。「それはAですか？　Bですか？　それともC？」といった選択肢で聴くやり方も同じです。

　例えば、子どもが、「はい」と答えたとしても、本当はいじわるではなく、友達をかばってした行為からなのですが、何かしたかどうかにだけ反応した子どもは、「はい」と答えることがあります。行為の背後にある友達をか

ばったという事実は、クローズド質問だけではかき消されてしまうのです。

　クローズド質問が絶対にダメだということではありません。学校では、様子がおかしいにもかかわらずなかなか話をしない子どももいます。そんなとき、「誰かに押されたの？」とクローズド質問で聴くことはあるように思います。ただ、冒頭からクローズド質問で聴くことは避け、「何があったの？」「どうしましたか？」といったオープン質問から入るのが基本だということを覚えておいてください。クローズド質問や5W1H質問を使うときは、次節に見るペアリングを意識しましょう。

## （3）5W1H質問

　5W1H質問とは、いつ（when）、どこで（where）、誰が（who）、何を（what）、なぜ（why）、どのように（how）を問う質問です（P.72〜75で詳述）。聴き取りでは事実の確認を行いますから、5W1H質問は不可欠ともいえる質問です。5W1Hがわからないままでは、そのあとに書く記録も的確なものになりません。

　とはいえ、「いつ？」「どこで？」と単刀直入に聞かれ続けると、まるで尋問を受けているように子どもは感じるでしょう。また、5W1H質問だけをしていくと、限られた情報しか得られず、必要な情報に気づかなかったり、有益な情報にたどり着かなかったりすることもあります。

　例えば、「Aさんと殴り合いのケンカになったということですが、ケンカしているのを誰か（who）近くで見ていましたか？　覚えていたら教えてくれますか？」「Bさんに悪口を言われたということですが、どんなふうに（how）悪口を言われたのですか？　思い出せますか？」といったよ

うに、自然な聴き方で5W1Hを把握していくとよいでしょう。

## （4）エコーイング

エコーイングとは、子どもの最後の発言を繰り返すことです。子どもの発言に対して、そのまま返したり、疑問形で返したりすることを言います。

話を聞いているという聴き手の意思表示が、エコーイングを通して子どもにも伝わりますので、コミュニケーションはスムーズになります。その一方で過度に用いると、子どもがうっとうしく感じたり、わざとらしいと思ったりする可能性もあります。そうなると聴き取りもうまくいかないので、話が途切れそうなときに用いるなど、適切に使うようにしましょう。

---

子ども：「足をかけられた」

教　員：「足をかけられた？」

 注意　例えば、「足をかけられたのね?!」という教員の発言は、エコーイングとはみなされません。教員が子どもの発言を固定することになるので不適切です。

---

#  5 5W1H 質問やクローズド質問を オープン質問でペアリングする

　ペアリング（仲，2022）とは、あらかた子どもに自由に話してもらった（このプロセスは不可欠）あとで、確認したいことを5W1H質問やクローズド質問で聴き、それに子どもが答えた場合、またオープン質問につなぐという方法です。

　5W1H質問やクローズド質問をしたあとに、再度オープン質問をし、子どもが主体的に話すようにしていくことで、たとえクローズド質問をしたとしても、**「話すコントロール権」を子どもに再度移譲することができ**、教員のバイアスがかかっていない、より正確な情報が得られることになります。

　5W1H質問やクローズド質問をする場合も、問題となる行為（「いじめられたんですか？」など）や加害とされている子どもの名前（「鈴木くんが押したんですか？」など）は、聴き手である教員の方からは出さないように重々注意しなければなりません。

## ペアリングの例（抜粋）

（佐藤くんに叩かれたことを子どもが話しているところ）

**子ども：**「佐藤くんに悪口を言われた」

教　員：「君の気にさわる悪口を言われたということですか？」
> クローズド質問

子ども：「はい」

教　員：「では、どんなことが気にさわったのか詳しく話してくれますか？」〔オープン質問〕

（佐藤くんが叩いてきたという話をひとしきりしたあと、子どもが次のように言いました）
　子ども：「佐藤くんは、悪口も言っていた」
　教　員：「叩いたときと同じときですか？　別のときですか？」
　〔クローズド質問〕
　子ども：「同じとき」
　教　員：「では、どんなふうに悪口を言ったか話してください」
　〔オープン質問〕

　教　員：「どこで？」〔5W1H質問〕
　子ども：「A公園」
　教　員：「そのA公園のこと、どんな場所かもっと話してくれませんか」
　〔オープン質問〕

NG例

（聴き取りの冒頭）
　教　員：「では、始めていきましょう。佐藤さんを君が殴ったのですか？」〔クローズド質問〕
　子ども：「はい」
　教　員：「では、殴ったときのことを話してもらえますか？」
　〔オープン質問〕

> 子ども：「……」
>
> 教　員：「そのとき悪口も言ったのですか?」 **クローズド質問**
>
> 子ども：「うん」
>
> 教　員：「どんな悪口か話してもらえますか?」 **オープン質問**
>
> 子ども：「……」
>
> 教　員：「どこで?」 **5W1H質問**
>
> 子ども：「体育館」
>
> 教　員：「体育館のどの場所かもっと話してください」 **5W1H質問**
>
> 子ども：「……」
>
> 教　員：「いつ?」 **5W1H質問**
>
> 子ども：「金曜日」
>
> 教　員：「金曜日のどの時間帯?」 **5W1H質問**

　上記 NG 例では、いきなりクローズド質問から始めています。子どもに自由に語ってもらうところからスタートしていないので、冒頭から誘導が生じています。

　大事なことなので繰り返しますが、まずはオープン質問から始め、最初から最後まで出来事について一通り話してもらうのが基本です。まずは自由に、どんなことがあったのかを話してもらうようにしてください。

　また、この例では一見すると、クローズド質問をペアリングしてオープン質問にしているようにも見えますが、実は、5W1H 質問の一問一答による連続した質問で、教員の側がグイグイ聴きたいことだけを尋ねるやり方になっています。

聴き取りでは、5W1H質問は非常に大事ですが、実はここには落とし穴があります。5W1H質問だけでは、子どもは「お昼休み」とか「ノート」といった短い単語しか返してこないからです。限定的で広がりがありません。ですから、**5W1H質問をしたあとは、オープン質問でペアリングすることを意識します**。「お昼休みのことをもう少し教えてくれますか？」とか、「ノートにどんなこと書いてあったのか詳しく話してくれますか？」など。

　先に見たように、学校ではクローズド質問をせざるを得ないこともあります。ケガをした子どもが、その理由をどうしても話さない場合、「クラスの子に何かされたの？」と聴かれて、それをきっかけに話し始めることはあります。そうしたシチュエーションでは、クローズド質問が冒頭に来ることはやむを得ないと思います。「うん」と言って話し始めたのであれば、そこから先は「じゃあ、どんなことをされたのでしょう？　教えてくれますか？」とオープン質問に持っていくようにしてください。

　確認ですが、イエス・ノーで答えるクローズド質問については、使ってはいけないということではありません。**仮にクローズド質問をするとしても、まずは子どもに語らせることが大事ですし、ペアリングしてオープン質問にし、誘導を避けることを意識することが大事だということ**です。

　クローズド質問が誘導になりやすいことを、あるいは聴き取っている教員の描いたストーリーや仮説に当てはめていく危険があるということを知っておけば、危険な聴き取りから遠のきます。

　以下は聴き取りの基本モデルです。

## 聴き取りの基本モデル

オープン質問で子どもに自由に語ってもらう

そのあと確かめたいことを5W1H質問やクローズド質問で聴く

再度手がかり質問などを用いて
ペアリングしながらオープン質問で聴く

# 6 不適切な質問の形式

　以下は、誘導になってしまったり、圧迫になったりしてしまう質問形式ですので、不適切ということになります。

## （1）仮説に沿うことだけを取り上げる

　仮説に沿うことだけを取り上げると、聴き手の望む回答だけを強化しながら進めていくことになります。

> **教　員**：「蹴られましたか？」
> 　　　　　「叩かれましたか？」
> 　　　　　「いじわるをされましたか？」

## （2）仮説に沿わないことを無視して取り上げない

　仮説に沿わないことを無視して取り上げないと、聴き手の望む回答だけを選び、誘導することになります。

> **子ども**：「蹴られたように思うけど、偶然足が当たっただけかもしれない」
> **教　員**：「蹴られたのですね」
> 　　　　　「蹴られたんでしょう？」

## （3）同じ質問を繰り返す

　同じ質問を繰り返されると、子どもは圧迫されて「はい」と言うしかなくなってしまいます。

> 教　員：「叩かれたんですか？」
> 子ども：「いいえ」
> 教　員：「叩かれたんじゃないですか？」
> 　　　　「本当に叩かれてないんですか？」

## （4）取り引きして言わせようとする

　話すことで子どもの利益になると示唆するなど、取り引きして言わせようとすると、事実とは異なることを言う可能性があります。

> 教　員：「話してくれたらすぐ帰れますよ」
> 　　　　「話してくれたらスッキリしますよ」

## （5）大事（おおごと）になると脅して言わせようとする

　子どもは恐怖を感じます。脅して言わせるのはとても危険です。

> 教　員：「言わないと大変なことになりますよ」
> 　　　　「このまま話さないと大事になりますよ」

## （6）矮小化して言わせようとする

　物事の本質を考えずに一部のみをとらえるなど、矮小化して話すことを促すと、事実とはそれてしまったり、事実が歪んでしまったりすることがあります。

---

教　員：「たいしたことじゃないから早く言ってしまったほうがいいですよ」

「みんなもやっていることだから、気にせず言ったほうがいいですよ」

「小さな過ちですから、早く認めちゃったほうがいいですよ」

---

## （7）証拠を補強して言わせようとする

　以下のような発言は子どもへの圧迫となります。誰が言ったのかを示すことも、してはいけません。

> 　教　員：「みんなも言ってますよ」
> 　　　　　「証拠があるんですよ」

## （8）言い換える

　子どもが言ったことを教員が勝手に言い換えてしまうことがあります。すると、子どもが話していることと意味が違ってきます。子どもの言葉を大事にしてください。

> 　子ども：「手が当たった」
> 　教　員：「そうですか。叩かれたんですね」

　その他にも、質問自体が複文を含む複雑なものであったり、長々とした文章であったり、「あれ」「それ」というような指示語が多かったりすると、子どもは理解できなかったり、勘違いしたりします。そうすると、子どもの答えは歪んでしまいます。

　**子どもが理解しやすい質問、単純で的確な質問**をすることを心がけましょう。

**7** 聴き取る部屋や座る位置、
聴き取り時間の目安

## （1）閉鎖空間における教員の優位性

　相談室などの空間での聴き取りについて、教員側が意識しておかなければならないのは、閉鎖空間における教員の優位性です。そもそも教員は大人ですし、子どもの成績をつけるなど評価者でもあります。自分では気づきにくいかもしれませんが、教員は評価者でもあるゆえ、子どもからすると権威を持った存在ということになります。

　仮に、教員２人から狭い閉鎖的空間の中で、「君はよくないことをした。残念な生徒だ！」などと、繰り返し言われれば、偏った信念が強化増幅されて、子どもの心が不安定な状態になるのは自然なことです。そうしたことを防ぐためにも、後述しますが、聴き取る時間は長くならないようにしましょう。

　座り方は、斜めの位置（カタカナのハの字）にするとよいでしょう。目のやり場に困らず、圧迫感も軽減されます。記録者は、目立たないようにやや見えにくい場所に座るとよいでしょう。

## （2）聴き取り時間の長さ

　1回の聴き取り時間は、30分から1時間程度を目安とします。特に小学校の低学年であれば発達段階からして負担になりますから30分程度に収めるのが理想です。年齢による目安は下記のとおりです。

---

### 聴き取る時間の目安：5分×年齢

---

　仮に、6歳であれば5分×6歳で、30分が上限のおおよその目安となります。14歳であれば5分×14歳ですので、70分くらいまでということになります（あくまでも目安です）。

　逆にあまり短い時間だと、子どもが言いたいことを話せない可能性もあるので、子どもに自由に話してもらう時間は必ず確保しましょう。

　聴き取りは、1回で終わることが理想です。しかし、加害者と思われる子どもと被害者と思われる子どもの述べることに食い違いが生じた場合は、再度呼び出して聴き取ることもあります。ただし、子どもには負担になりますので、事前準備を整えてから臨むように努めましょう。

　なお、聴き取っている途中で虐待が疑われた場合は、聴き取りを中止して、児童相談所などの専門機関の方に任せます。教員は虐待の事実を正確に把握してから通告しようと考えるので、聴き取りを進めてしまいがちですが、そうすると子どもには負担が生じます。「児童福祉法」第25条の規定にもとづき、児童虐待を受けたと思われる児童発見した場合には、通告の義務があります。**虐待が「疑われた」段階で通告するようにし、聴き取りも専門家に任せてください。**

〈引用・参考文献〉
- 仲真紀子（2016）『子どもへの司法面接－考え方・進め方とトレーニング』有斐閣
- 仲真紀子（2022）「子どもの話を聴くための手法と実践例〜司法面接の技法をいかして　第11回　司法面接のトレーニングとピアレビュウ」『家庭の法と裁判』日本加除出版　40号　pp.166-173

# 5章

聴き取りの流れ

# (1) 聴き取りの流れ

　聴き取りで行うのは、あくまでも客観的な事実の把握と特定です。子どもに何があったのか、なぜそうなったのかなど、事実とその経緯を把握し、特定します。その上で誰に何をどう指導するのか、どの保護者にどのように伝えるのか、どの連携機関につなぐのか、などの対応を行うのが学校の行う聴き取りの意義です。

　学校をめぐる状況は以前とは大きく変わってきています。たとえ学校に直接関係しない人たちにもわかるように説明できる生徒指導でなければ、つまり**全方位かつボーダレスの生徒指導でなければ通用しない時代に入っている**のです。これは、仮に誰かに密かに録音され、公開されたとしても支障のない聴き取り方がなされていなければならないということを意味しています。ビジネスライクに、すなわち温かい気持ちを持ちながらも、冷静に淡々と聴き取る必要があるということです。

　通常は、以下のような流れで聴き取りを進めます。

❶ 安心できる雰囲気をつくる

❷ グラウンドルール（約束事）を示す

❸ オープン質問で聴き、まずは自由に話してもらう

❹ 時系列に沿って、5W1H を意識しながら丁寧に聴く

❺ 矛盾することを確認する

❻ 言い足りないことや気になることはないか確認する

❼ 安心するように声をかけて終わる

❽ むやみに他言しないように伝える

## （1）安心できる雰囲気をつくる

　呼び出されたことでびっくりし、緊張する子どももいるので、まずは応じてくれたことに感謝し、安心できる雰囲気をつくるようにします。

> • 「今日は話しに来てくれてありがとう。先生の名前は片山です。来てもらったのは、昨日の帰り道での出来事について教えてもらいたいからです。これから私がいくつか質問しますので、あなたが見たことや知っていることを話してください」

## （2）グラウンドルール（約束事）を示す

　呼び出しを受け、教員から問われると、「知らないことや見ていないことでも、推測してでも、とにかく答えなくてはならない」と考える子どももいます。正直に答えることを促すために、その場のルールを先に伝えます。

- 「本当にあったことを話してください」
- 「質問の意味がわからないときは『わからない』と言ってください」
- 「質問されてもわからないことは『わからない』『知らない』と言ってかまいません」

## （3）オープン質問で聴き、まずは自由に話してもらう

　最初は、オープン質問で子どもに出来事の最初から終わりまでを自由に話してもらいます。その際、4章4節にある「オープン質問の4類型」（P.48参照）の1つ、手がかり質問などを用いて子どもが主体的に話すよう促します。

- 「昨日の学校の帰りにあったことを最初から話してもらえますか？」
- 「今日のお昼休み、友達と何かありましたか？」
- 「それからどうしたんですか？」
- 「そのあとはどうなりましたか？」

## （4）時系列に沿って、5W1Hを意識しながら丁寧に聴く

　子どもに自由に話してもらったあとで、時系列に沿いながら、いつ、誰が、どこで、何を、なぜ、どのように（5W1H）を意識しながら丁寧に聞いていきます。5W1Hが大事だと考えるとつい、「どこで？」「体育館」、「いつのこと？」「昼休み」といった一問一答の質問になってしまうことがあります。5W1H質問は、4章5節「5W1H質問やクローズド質問をオー

プン質問でペアリングする」（P.53参照）で示したように、注意が必要です。
ペアリングしてオープン質問につなぎましょう。

- 「それはいつのことでしょう？」
- 「誰かそのとき一緒にいましたか？」
- 「それはどこだったのか詳しく教えてください」
- 「何が起きたのか教えてください」
- 「なぜケンカになったんでしょうね？」
- 「どんなふうに叩かれたのでしょう？ 詳しく教えてください」

※そのとき、子ども自身がどう感じたのかは受け止め、必要に応じて記録する。
※直接見聞きしたことなのか、人からの伝聞なのか、必要に応じて確認する。

## （5）矛盾することを確認する

　話の整合性がない場合は、再度聴きます。子どもの言っていることに矛盾があるかもしれませんが、子どもは全体を俯瞰することが難しく、子どもにはそう見えたり、感じたりしていることがあることも知っておきましょう。

- 「さっき聴いたことと、今聴いたことと少し違うような気がするので、そのときのこと、もう一度詳しく話してもらえますか？」
- 「○○さんが△△さんの足を蹴っているのを見た人がいるのですが、その点はどうですか？」

※子ども同士の関係に影響が及ぶため、目撃情報が誰からかについては言わない。

## （6）言い足りないことや気になることはないか確認する

　オープン質問を意識しているとはいえ、聴き取り自体は教員から発せられる質問で進むため、反対に子どもの側から言いたいことがないかを確認します。

---

- 「他に言っておきたいことはないですか？」
- 「昨日のお昼休みに叩かれてから、そのあとはどうですか？」
- 「何かほかに気になることはありませんか？」

---

※子どもから「お母さんに言わないで」などと頼まれても、その約束には応じない。
　事案の大きさにもよるが、「大事なことだから保護者の方にはあとで伝えるし、相談もする」ということを伝える。「親に伝えない」と約束することで、あとでトラブルになってしまうため注意する。

## （7）安心するように声をかけて終わる

　「このあと自分はどうなるのだろうか」など不安を持つ子どももいるので、安心するように声かけをして終わります。

---

- （聴き取りが思ったようにいかない場合であったとしても）
　「話をしてくれてありがとう」
- 「では先生たちは、どうすることが鈴木さんにとって一番よいか、これから考えます」
- 「先生たちは鈴木さんを守るから安心してください」
- 「お家の人には、先生のほうで今日鈴木さんに話してもらったことを電話で伝えておきますが、鈴木さんからも『今日は片山先生からこんなことを聞かれたよ』ってお家の人に伝えてくださいね」

---

## （8）むやみに他言しないように伝える

　聴き取りについて、子どもが友達にいろいろ話してしまうと、解決が難しくなるだけでなく、一部を取り上げた情報が独り歩きしたり、ありもしない噂が広がったりしてしまうこともあります。ですから、話したいときは、お家の人や教員に話すように伝えます。

> ・「これから対応するので、先生に今日聴かれたということを他の友達には話さないでください。もちろんお家の人には話して大丈夫です。もし、このことで何か人に話したくなったら先生のところに来てください。いくらでもお話を聴きます」
> ・「もし不安だったらお家の方に迎えに来てもらいましょうか。先生が送って行くこともできます」

※聴き取り後、子どもが不安になることもあるので、注意深く対応する。

# ( **2** ) 5W1H を意識して聴く

---

### 聴き取った例

- 2023年9月6日水曜日の中休み（10時半過ぎ）、2－1のAが同じクラスのB、C2人から背中を5、6回叩かれた。
- 場所は、2－1の廊下（2－2教室の境あたり）である。
- Aは、「叩かれる理由がわからない」「びっくりしたし、BとCのことをこわい」と言っている。

---

　難しいことではありますが、5W1Hだけを問う一問一答型のやりとりに終始して、尋問のような聴き方にならないようにくれぐれも気をつけてください。5W1Hを一つひとつ聴くという展開はできるだけ避けたほうがよいです。つまり、**聴き取った結果として5W1Hが教員に把握できればそれでよい**ということです。

## (1) いつ（when）

　一つひとつの出来事がいつのことなのかを明確にし、時系列に整理することを意識してください。記録を書く際にも日時は非常に重要です。時間が正確にわからない場合は、「中休みの終わり頃」「部活が終わってすぐの時間」「体育の授業中」といった表現で結構です。

## (2) どこで（where）

　問題が発生した場所について、「どこの場所で起こったんですか？」と聴いて、「廊下」と答えたとしても、もう少し明確な答えが欲しいです。校内にはたくさんの廊下があるからです。

　「廊下って、どこの廊下だったんでしょう？」と聴き、その後「2年1組の廊下」と答えたとすれば、クローズド質問で「教室の前のほうですか？ 真ん中あたりですか？ 後ろのほうですか？」と具体的な場所まで聴き取る必要があることもあります。**場所は大まかではなく、明確に限定できる「スポット（地点）」と考えておいたほうがあとで困らないでしょう。**

## (3) 誰が（who）

　大人の世界でも、「そのことはみんな知っている」などと日常会話の中で話すことがよくあります。ただ聴き取りの場面では、「みんな」というのが誰なのかを特定することが重要になります。「みんな見てたって言いましたが、誰のことですか？ 教えてくれますか？」と。「○○さん」と答えたら、「ほかには？」と続けてください。答えたらまた「ほかには？」と、「それで全部ですね？」というところまで聴き続けます。

　よくあるのが、話の中で出てきた人が主語なのか目的語なのかがはっきりしないことです。

　「誰が」を確認したいときは、「○○さんが、△△さんを叩いていたんですか？ それとも△△さんが○○さんを叩いていたんですか？」と尋ねます。確認するときは、どちらにもウェイトがかからないように、公平な聴き方を意識し、無意識のうちに誘導が生じないよう注意します。

## （4）何を（what）

　目的語「〜を」に相当するもので、例えば、「ケンカを」「言い合いを」のようなやった内容のことです。聴き取る際には抜け落ちることが少ないのですが、**記録担当者は、やった内容を決めつけたり、変換したりすることなく**、子どもの話す言葉に基づいて記すよう注意してください。

## （5）なぜ（why）

　どうしてそのようなことをしてしまったのか。理由や背景には、子どもなりの論理があって、聴き手側が、指導に移行してしまう危険があるところです。子どもは、事実とは異なるかもしれませんが、「自分がバカにされたと感じてしまい、友達を叩いた」ということもあるでしょう。その子どもがどう感じていたのかは重要なことです。

　時々、聴き手である教員が、聴き取り中に被害者である子どもに対して加害者であると思われる子どものことを、「○○さんは友達思いの優しい子です。そんなことあるはずないじゃないですか」などと反応してしまうことがあります。そうではなく、「君はそう感じて叩いたんですね」とその子の感じたことに沿って聴き取ってください。その子どもが感じていたことは記録にも残します。

## （6）どのように（how）

　具体的に状況や様子、方法や程度について聴いていきます。叩くという行為も、幅の広いものです。どの箇所をどんなふうに叩いたのか、何回叩いたのか、平手なのかこぶしなのか、程度や強さもいろいろですから具体

的に聴きます。

　もし自分から、「こんなふうに叩かれた」と自発的に実演してくる子ど
もがいれば実演してもらってもよいです。それによって、子どもの言って
いることがよくわかったり、矛盾が見えてきたりすることがあるからで
す。

　ただしこの点、被害者の場合は注意が要ります。教師が加害者の役をし
て子どもに被害の様子を再現してもらうことはやめたほうがよいです。な
ぜならば、実際に行われた事実と聴き取りの際に行った再現とが混じって
しまって、実際はどっちだったのかが子どもにもわからなくなることがあ
るからです。子ども自身の記憶が、無理な再現によって汚染される可能性
があります。

# 3 聴き取り後の指導

## （1）加害児童生徒への事後指導

　特に加害者の子どもについては、希望を失わせるようなことを言わないように注意しましょう。直後は視野狭窄に陥って、予想外のことに至ることもあるので、保護者に迎えに来てもらうなど慎重にフォローします。その後は、本人が圧迫感を感じないように経過観察をすることが大事です。

## （2）被害児童生徒への事後指導

　被害生徒が、加害生徒やその周りの生徒からいじめられていないか、学校生活で困ることが生じていないかなど定期的に聴いたり（毎日、毎週、毎月と事案等によって異なる）、保護者にも連絡を入れ、子どもが困っていないか確認したりします。定期的に、担任や部活指導教員、学年主任等からも聴き取ります。何もないことが確認できた場合も、その記録を簡単に残しておきます（記録例：4月9日水曜日　保護者に電話で確認したところ、特に問題なし、など）。

## （3）対応後の経過観察（いじめの場合）

　以下に対応後の流れについて、いじめの場合で示します。解決したと思われる場合や表面上問題がないように見える場合も、子どもの間では教員には見えないいじめなどの変化が起きていることもあります。特にいじめ事案については、約3カ月程度は、定期的に観察する体制をとっておく必

要があります。

---

事後対応の流れ

1．授業等にかかわる全ての教員で方針を確認し、それに沿って対応し、定期的に報告し合う。
2．被害者と定期的に面談を行う。
3．被害者の周りの友達と定期的に面談を行う。
4．加害者と定期的に面談を行う。
5．被害者の保護者を定期的に家庭訪問して様子を聞き、報告を行う。
6．加害者の保護者を家庭訪問して、様子を聞き、報告を行う。
7．効果がなければ、必要に応じて体制を見直す。

---

（出典：吉田順『その手抜きが荒れをまねく』学事出版、2016年、p.157を参照し、片山が作成）

繰り返しになりますが、ポイントは「定期的に」です。対応が完了した後、一度の確認で終わるのではなく、定期的に確認するようにします。そうすることで、「ずっと大人に見守ってもらっている」「ずっと大人は見ている」ということが、被害児童生徒に明確に伝わります。こうした対応は、子ども本人に安心感をもたらすだけでなく、保護者の不安を和らげる上でも有効です。

# 4 こんなときどうする？

## （1）事実がわからないとき

　聴き取ったとしても事実がわからない場合もあります。その際は、その場で判断しないで「また話を聞かせてね」と言って、校内でどう対応するのかを再度検討します。「絶対に事実を把握しなければ」と気負うと、人権侵害が起こり得ます。

　わからないならわからないなりに、該当する子どもや保護者にはわかっているところまでを報告し、その後の対策を丁寧に伝えます。

## （2）口裏合わせしそうなとき

　聴き取る子どもが複数いるとき（事案にかかわっている子どもが複数いるとき）は、一緒に聴き取らずに、一人ひとり聴き取ります。同時に別室で聴き取る必要がありますが、そのためには聴き取る教員の数も必要ですから、待たせて次々と聴き取ることもあります。そのときは別の教員が待たせている子どもと一緒に待つ必要があります。

## （3）黙って話さないとき

　「少しはぽつりぽつりと話す子ども」と「本当に何も話さない子ども」の2つのパターンがあるように思います。

　前者は、ぽつりぽつりと話す言葉を取り上げて、聴き直したらよいでしょう。

　例えば、子どもが「何も言いたくない」と言うかもしれませんが、それに対しては「言いたくないのですね？どうしてか教えてくれませんか？」「言いたくない理由が知りたいです」といった形です。何か一言でも話せば、そこを手がかりにして聴いてみるようにします。

　後者は、とにかく黙っているわけですから、「話したくないのですね」とその子の気持ちをまずは代弁します。子どもには話したくない理由がきっとあるのでしょう。その気持ちを汲み取った上で、「どんな小さなことでもよいので話してもらえませんか？」「話したくない理由を教えてもらえませんか？」と問います。

　それでも黙っている場合、「こういうことはあったのですか？なかったのですか？」など、クローズド（閉じた）質問を使わざるを得ないかもしれません（オープン質問で「何があったのですか？どんな小さなことでもいいので教えてくれませんか？」と、開いた形で聴くのが一番よいのですが）。

　どうしても反応がない場合は、「話したくないのですね。また話したくなったら来てくださいね」と言って、終わらざるを得ません。

## （4）泣き出したとき

　聴いているうちに、感情があふれてきて、泣きながら話をする子どももいます。その場合は、ティッシュなどを差し出しながら、話し続けてもらったらよいです。

　もし、激しく気持ちが高ぶっているときは、落ち着くように声をかけ、一旦時間を置きます。そのあと、落ち着いてから再開します。

## （5） 嘘をついているように見えるとき

　もしかしたら本人は嘘をついているのではなく、そのように認識していない、つまり気づいていないだけかもしれません。

　例えば、「〇〇さんが困っているのですが、何か心当たりがありますか」などと問われれば、「ありません」と子どもは答えるかもしれませんが、聴き方を変えて、「〇〇さんに何か言ったことはありますか？」と問い直すと、「笑いを取ろうとして少しバカにしたことを言ったかもしれない」と、振り返るかもしれません。

　そして、ようやくその行為が人を傷つけていたのだと気づくことがあります。子ども自身は気づいていないことがあるので、短絡的に嘘だと決めつけるのは危険です。

# 6章

## 聴き取りの実際

**授業中にいざこざが起こった**

授業中に鈴木君が少し離れた佐藤君に向かって筆箱を投げつけ、佐藤君が怒り出しました。それに気づいた担任は「鈴木君、なんでそんなことをするのですか」と注意しましたが、鈴木君はとても不満げです。

　この場合のいざこざというのは、授業中にもかかわらず悪口を言ったりしてケンカになったり、悪ふざけが授業の妨害になったりした場合などを指しますが、加害者・被害者とは決められない場合もあります。また、休み時間に起こることも多いです。

　目の前で起きたいざこざを無視したり、後回しにしたりしては、子どもたちに「この先生は何も言わないのだろうか」と思われ、教師は信頼を失います。すぐに聴き取って対応する必要があります（P.17の「ミニ聴き取り」）。

聴き取り担当 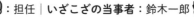：担任｜いざこざの当事者：鈴木一郎 ／佐藤健太

担任

**鈴木君、どうして佐藤君に向かって筆箱を投げつけたのですか（※1）**

だってさっき僕が答えを間違ったら、佐藤君が『ばーか』なんて言うから……

鈴木

担任

**佐藤君、本当ですか**

※1　授業中の場合は授業を優先するため、休み時間や放課後にになってから聴き取るか、空いている先生に聴き取りを頼むことがあります。他の時間になってから聴き取る場合は、あえてみ

※事例中の名前はすべて仮名です。

確かに言ったけど。それくらいは
佐藤

担任
"それくらい"じゃないですよ。人をけなす言葉ですからいけませんね。鈴木君も腹を立てたのはわかりますが、物を投げつけるのはだめですよ。お互いに終わりにできますか（※2）

もう言いません
佐藤

わかりました。僕もしません
鈴木

担任
では、また授業に頑張りましょう（※3）

んなの前で「休み時間に詳しく聴きます」などと言っておくことによって、教師の姿勢を明確にしておけます。

※2　教師と子どもとのやりとりを聞いている他の子どもたちに、教師の価値観や考えを伝えるチャンスでもあります。

※3　もし納得のいかないようであれば、強引に終わらせずに別の時間に聴きます。

　この種のいざこざがたびたび起きるようであれば、解決しても、またすぐに起きるでしょう。学級にある退廃的雰囲気に取り組まなければいけませんから、自らの学級経営そのものを点検する必要があります。

いじめ事例 **「いじめ」があるという訴えがあった**

放課後に職員室にやってきた山本さんから、「先生、高橋君ね、いじめられていると思います」との訴えがありました。嫌なことを言われたり、小突かれたりしているらしいというのです。中学1年生のクラスのことです。

---

訴え(情報源) :山本愛子｜**加害者と思われる子**:田中道一 ・伊藤勝彦 ・渡辺徹 ｜**被害者** :高橋正夫｜**見ていた子** :中村美樹｜**聴き取り担当**:担任 ・A先生 ・学年主任C先生 ／交代教師のB ・D先生

---

最初に情報提供者である山本さんから話を聴き、大筋をつかみます。大筋がわかると聴き取る準備（→第3章）にミスが少なくなるので、能率良く進めることができます。ただし、ここで得た"事実"は確定したものではないことに注意しましょう。担任が経験が浅ければ、経験者と一緒に聴き取ります。その後の聴き取りの計画に万全を期すためです。

## ❶ 訴えてきた子（情報提供者）から聴き取る

他の子どもたちには悟られないように相談室などで聴き取ります（※1）。

担任

> 山本さん、教えてくれるそうでありがとう。とても重要なことだから、知っていることや見たことを全部話してください。秘密は必ず守ります。解決できるように必ず取り組みます（※2）

※1　被害者が訴えてきた場合は、大筋がつかめた段階でいったん休止し、学年主任・生徒指導指導部と相談して聴き取り体制をとります。
※2　「忙しいので急いで」「余計な話はいいから」な

※事例中の名前はすべて仮名です。

多分前からあった気がしますが、高橋君はいじめられているんですよ

どという雰囲気があってはいけません。

ふーん。そうなんだ。知っていることを全部教えてくれますか（※3）

※3　時々この程度の相槌を打ちながら、まず訴えてきた者の思いをできるだけたくさん聴きます（→第4章の「オープン質問」）。

いじめているのは、私が見たりした限りでは田中君・伊藤君・渡辺君の3人ですけど、まだいると思いますが、3人以外ははっきりわかりません。悪口言ってからかったり、すれ違いざまに小突いたりしているんです。最初は遊んでいるのかなと思ったんですが、高橋君がいつも一方的にされているし、たまにやり返すとその何倍にしてやられているみたいで、最近ではされるだけです

そういうことが起きていたんですね。どんなことをいつごろから言われていたのか教えてくれますか（※4）

※4　十分に聴いてから、そろそろ「クローズド質問」（→第4章）で細かな事実を確かめます。

私がいじめだって思ったのは最近だけど……

最近というのは、どれくらい（※5）

※5　「いつ」「どこで」「誰が」「何を」「なぜ」「どのように」（5W1H）をわかる限り確かめますが、通常「なぜ」は情報提供者や被害者はわからないことが多いです。

この1カ月かな。でもいま考えると、実際にはもう5月ころからそうだったと思います。そのころは遊んでいると思っていただけで

85

担任

じゃあね、この1カ月に高橋君が何をされていたのか詳しく教えてほしいです（※6）

山本

本人の嫌がるあだ名で呼んだり、『近寄るな』『あっちへ行け』『息するな』とかね。みんなのいる教室や廊下で

担任

『近寄るな』とかは日にどれくらいですか（※7）

山本

多い日は休み時間のたびにですけど、今は高橋君とは席が離れているので、私が知らないだけかも

担任

誰が言っているか、覚えていますか。覚えている範囲でいいですから、教えてください

山本

いちばん言うのは田中君です。伊藤君と渡辺君は、田中君の言いなりになっているだけじゃないかな

担任

あだ名は何て言っているのですか

山本

あだ名のように『のろま』『まぬけ』とかがいちばん多いです。他にもありますがよく聞き取れません

担任

他の2人は何て言うの

※6　できるだけ話し手の内容にそいながら、5W1Hを確かめると、話し手は思い出しやすくさまざまな情報が得られます。

※7　その場面を再現できるくらいに具体的に事実を確かめておくことが必要です。加害者が否定したときや、加害者の保護者が「よくあることで、大したことない」という意識を変えるには臨場感がないとわかってもらえないからです。

同じです

 そういうことをどれくらい言うの

多い日はすれ違うたびに。結構、大声でも言ってますから、みんな知ってますよ。高橋君は泣きそうな顔をしていることもありますが、最近は言う子を避けていますから、回数は減っているかも

 じゃあね、"嫌なこと"というのは、あだ名以外では『近寄るな』『あっちへ行け』『息するな』の3つですか（※8）

※8　重要な事実は確認しながら進めます。

他にも聞き取れないものがいくつかありますが、いちばん言っているのはその3つだと思います

 小突くというのは、具体的にどのような場面でどんなふうにやるのですか（※9）

※9　どういうふうにどこを何回などと具体的に確かめます。

廊下や教室ですれ違いざまにとか、高橋君の座っているときに横や後ろからとか

 手でですか

手で頭や背中を。廊下なんかでは足で高橋君のお尻を軽く蹴ったのを2回見ました

担任

蹴ったのは2回ですね。手で小突くのは何回くらい見ましたか（※10）

※10 訴えてきた子以外にも、見ていた子を聞いておきます。通常、この山本さんも第三者ですが、念のためにもう2人くらい把握しておくとよいです。

小突くのは数週間前は毎日のように見ましたが、最近は高橋君が避けているから、見ない日もありました。でも先生、私が見なかっただけで、他の子は見ているんじゃないかな

山本

担任

なるほど。他に山本さんのようにちゃんと見たことを教えてくれる子はいますか

中村さんや小林さんも見ているし、教えてくれると思いますよ

山本

担任

高橋君に関して、他に何かありませんか。思い出したりしたら、いつでも教えてください。今日はありがとう。解決できるようにやっていきます

担任

先生に訴えたことは、友達にも他の子にも絶対に言わないでおいてください。誰かに言って、そこから人づてに田中君や伊藤君・渡辺君たちが知ってしまうと、とても解決しにくくなるんです。頼みますね。お母さんには自分から話しておいてください。今日はありがとう。何か他に言いたいことがあれば、いつでも言いにきてください（※11）

※11 他言してはいけない理由を具体的に説明しておかなければ、「仲のいい子は別だ」と思い言ってしまいます。そこから加害者に知られることになるのです。

　次に被害者の高橋君に聴き取ります。山本さんの情報に基づいて聴き取ることになります。

## ❷ 被害者から聴き取る

　学校現場では訴えてきた子（情報提供者）がいればまずその子から聴き取りますが、保護者からの情報であったり、教師側の発見であったりした場合は、最初に被害者から直接聴き取ります。

　周囲の子に察知されないように密かに呼び、見られることがないような離れた部屋で聴き取ります。もし、何らかの理由で察知される可能性があるならば、翌日に延期したりせず、ただちに家庭訪問に切り替えなければいけません。これだけは勤務時間後であってもやらなければだめです。

　また、被害者からの聴き取りには、今後の指導のために必ず担任があたらなければいけません。経験が浅ければ、経験者を入れます。

　掃除の時間に高橋君に「誰にもわからないように掃除が終わったら、聴きたいことがあるので職員室に来てください。友達にも言わないように」とそっと伝えます。

**―高橋君が掃除終了後に職員室に来たので、一緒に相談室に移動―**

担任

> 誰にも気づかれなかったですか。もし気づかれていたらいったん中止にして、家庭訪問にしますよ

大丈夫だと思いますが、聴きたいことって何ですか
高橋

担任
君が何人かの子に、いじめられているらしいという話を聞いたのですが本当ですか。もし、本当ならば気づかなく申し訳なかったです（※1）。先生はなくなるまで取り組みたいので、全部教えてください（※2）

……（少し迷っている感じ）
高橋

担任
何も心配することはありませんよ。楽しく毎日を送れているのならいいですよ。どうですか、君のことを心配して様子を教えてくれた子がいます。みんな心配しているんですよ（※3）

わかりました。嫌なことをされてます
高橋

担任
どんなことですか。全部話してくれますか（※4）

僕のことを『のろま』『まぬけ』とか、みんなに聞こえるように言います。とても嫌です
高橋

担任
それは嫌だよね。他には

90

いちばん言われるのは今の2つですが、『ゴキブリ』『メガネザル』『ゴミ』だとか、いっぱい言われます

 名前の代わりにあだ名のように呼ぶってことだね。そういうのばかりなのかな（※5）

※5　事実はできるだけ正確につかみます。のちに加害者や加害者の保護者が否定したり、「それくらいは」と些細なことにしたりして揉めることがありますので、誰が、どこで、何回、どうやって、などを細かく聴いておきます。

あと、あだ名ではなく、僕と教室や廊下ですれ違ったときに、『おぇ～っ、キモイ』『息するな』『近づくな』とか

 ひどいな。そういうことはどれくらい頻繁に、いつごろからあるのですか。例えば、毎日何回も、1日数回とか

今年の4月の末ごろからですが、特にひどくなったのは、先月からです。回数は日によってまちまちですが、多いと毎回の休み時間で、これは座席が近かったせいもあると思います。今は1日数回くらいです

 う～ん、酷いな。毎日あるんだね。嫌な日を送っていたんだね。絶対に起こらないようにしますからね（※6）

※6　事実調べの段階であっても、受けた事実に教師の価値観を表明してもかまいません。

 ところで、誰が言ったりするのですか

いちばん言うのは田中君です。田中君に合わせて伊藤君と渡辺君も言ってきます

 "合わせる"というのは

伊藤君と渡辺君は1人のときはほとんど言いませんが、田中君がいて言うと、2人も言います

 そうすると田中君が中心だと思っていいのかな

そうです

 他にはありましたか

足で蹴られたり、手で叩かれたりしました

 足で蹴るというのはどんなふうに何回くらいあったのですか（※7）

※7　時には"実演"してもらって、そのときの様子をつかみます。加害行為を正確に知らせたり、理解してもらったりするのには臨場感のある説明が必要だからです。

廊下を歩いていたら、後ろから突然蹴ってきました。数週間前までに10回以上はありましたが最近は近づかないようにしているのでありません。でも教室などで、すれ違った瞬間にひじやゲンコツで僕の肩や横っ腹にパンチをしてきます

すれ違いにゲンコツやパンチをされるのは何回くらいあるのですか

それはすごく多くて数えきれません。ない日もありますが、毎日のようにありましたから

そういうときに君はどうするの。やり返したり、口で『やめてくれよ』とか言わないの（※8）

1カ月以上前にはやり返したり、止めるよう言ったことがあるのですが、よけいにひどくなったのでその後は言ってません。近づかないようにしていますが、どうしても教室や廊下ですれ違うので

同じクラスだからね。それにしてもどうして田中君は君に対して、こういうひどいことをしてくるのかな。心当たりはないですか（※9）

う〜ん……。どうしてかわからないです

※8　「なぜ、やり返さないのか」と、やり返すことを勧めていると受け取られないように注意してください。

※9　「5W1H」のWhyは加害者側には理不尽な理由であっても、たいがいはそれなりに理由はありますが、被害者側はまったくわからないものです。したがって、必要以上に問い詰めてはいけません。本人の言葉や表現を引き出します。けっして、「こういうことだったんじゃないの」「何かトラブルがあったはずだ」などと押し付けてはいけません。誘導尋問にもなりますので気をつけましょう。

93

担任

以前に田中君と何かトラブルがあったとか

小学校も違うし……。一緒に遊んだこともないし……。同じクラスになった5月ごろから突然です

高橋

担任

わかりました。今日はありがとう。二度と起きないようにするので、少しの間待ってください。今日のことはまだ誰にも話さないでください。田中君たちに伝わると解決しにくくなりますので。御両親には先生がこれから家庭訪問して話しに行きます

　これで事実が大まかにわかり、本格的な聴き取りの準備に入ります。

　次に、**加害者から聴き取るための事前打ち合わせ**をします。参加者は生徒指導部長と学年生徒指導係・学年主任、聴き取りにあたる教師全員のため、ほとんどの学年の教師が該当するはずです。起きた内容によっては管理職も入り、報告・相談も兼ねます。

　この事前打ち合わせで、事案の大筋を確認し、聴き取りの体制（時間、場所、聴き取る教師など）を決めて、翌日から聴き取りが開始できるように準備・計画すべきです（→第3章）。聴き取るポイントは、次の3つです。


①加害者が事実を認めるか
②一致しない点はないか
③なぜ、そのような言動を取ったのか

　②は一致しない点をなくすために、聴き取りの最中であってもいったん中止して先生たちが集まって照合させる会合を持つこともあります。③の理由は加害者がみんな一致するわけではありません。

　また、聴き取りは原則として担任、足りない場合は学年の生徒指導係、学年主任も行います。聴き取る相手の子どもは本当のことを教えてくれそうな子と、なかなか言わなそうな子を区別して聴き取り担当の教師を決めます。

　通常、情報提供者（山本さん）と被害者（高橋君）、中心となっていると思われる加害者（田中君）の３人の聴き取りは、担任があたります。保護者対応や今後の指導のために、臨場感のある実情を把握しておく必要があるからです。

### ❸ 加害者が事実を認める場合

　加害者への聴き取りは、予告しないで聴き取りの部屋に連れて行きます。また、加害者は同時に別々の部屋で聴き取り、口裏合わせを防ぐため時間差をつけてバラバラに帰します。

　**複数での聴き取りが原則**ですが、何人もの子どもを同時に聴き取らなければいけない場合、現実的には、教師の人数が足りずおよそ無理です。複数での対応を優先すると、教師が揃うのを待つことによって事実確認までに数日放置され、その間に事態が悪化したり、救いを求めてきた子から「先生に訴えたけど何も取り組んでくれない」などと信頼を失ったりすることになります。意を決して訴えてきた子は「明日はどうなるだろう」という期待と不安の思いを抱いて登校してくるのです。

　すぐに対応したほうがいい場合でも、複数対応を最優先にしてはいけません。

なお、今後の指導のためにも被害者の聴き取りは必ず担任が行い、中心になったと思われる加害者の聴き取りは生徒指導の経験者が行うことが必要です。その上で複数対応が可能ならば、なおよいでしょう。

　担任は終わりの会の終了と同時に渡辺君を相談室に連れて行きました。

 担任

渡辺君、突然でごめんね。とても大事な話があるので、部活動の先生には許可をもらっていますから大丈夫です。これから聴くことには本当のことを言ってくれるとありがたいです（※1）

あ～はい。わかりました

 渡辺

 担任

高橋君なのですが、何のことかわかりますか（※2）

―しばらく間をおいて―

僕たちがからかっていたことじゃないですか

 渡辺

 担任

そうです。君はわかっていたんですね。いつごろから、どんなふうにからかったりしていたのか教えてください

う～ん。2週間くらい前からですけど、あだ名で呼びました

 渡辺

※1　担任が聴き取りの経験不足の場合は、複数で対応し経験のある教師が中心になります。

※2　教師側は、詳細について知らないスタンスで聴き、本人の言葉で話させるようにします。そうすることで、教師側のつかんでいない情報が出ることもあります。どうしても言わなくて進まないときだけ、「からかったのではないですか」などと聴いていきます。

担任

でも、あだ名で呼ぶのは友達の中ではよくあること
だよね。どんなあだ名で

『まぬけ』とか『ゴキブリ』とか……（※3）

渡辺

担任

どれくらい言っていましたか

最近はそんなに言ってませんが、以前は顔を会わす
たびに

渡辺

担任

ということは、毎日何回もあったということです
か。どういう場面で言うのですか

毎日、教室や廊下ですれ違ったときなどです

渡辺

担任

君だけが言っていたのですか

いいえ、田中君や伊藤君とです

渡辺

担任

それ以外に、高橋君に言ったことはありませんか。
よく思い出してください

97

（しばらく考えて）う～ん。ないと思います
渡辺

担任
君はあだ名だけではなく、高橋君の嫌がるような言葉を言ったりしてはいないですか（※4）

（しばらく考えて）いや～、ないと思いますが……（※5）
渡辺

担任
君があだ名以外にも嫌がるようなことを言っているのを見たり聞いたりした子がいますよ。どうですか（※6）

遊び半分で言ったかもしれません
渡辺

担任
何て言いましたか

多分、『5メートル以内に近づくな』とか『オレの近くで息をするな』とか言ったことはありますが、冗談で言っただけです（※7）
渡辺

担任
田中君や伊藤君も言ったのかな（※8）

※4 どうしても思い出せない、ウソをついていると思われるときは、教師側から切り出します。それでも言わなければ、見ていた子がいることを伝えます。この段階では被害者から聴いてあることは言ってはいけません。

※5 見たり聞いたりしていた子の名前は聞かれても、言ってはいけません。

※6 「ウソをつくな」「本当のことを言わないと後で困るよ」などと脅し文句は使ってはいけません。あくまで客観的根拠を示して追及します。

※7 行為の内容は、本人が言った言葉どおりに記録しておきます。聴き取り担当が勝手に変えてはいけません。後に理解や認識の違いが生まれる原因となります。

似たようなことを言っていたはずです

君はどれくらい、どういう場面で言ったのですか

さっきのあだ名ほど多くないですけど、結構言いました。教室や廊下です

それだと、みんなにも聞こえていましたか

あ〜はい。聞こえていると思います

言葉以外にしたことはないですか

（しばらく考えて）蹴ったりしたことかな

どんなふうにですか。実際にやってみせてください。（立ち上がって）先生が高橋君だとしますと、どんなふうにですか（※9）

廊下や教室で後ろから、こうやって足を蹴ったり、すれ違いに手で高橋君の脇腹を叩いたりしました

※8　加害者と思われる子たちのかかわり方も同時に聴いておきます。

※9　被害者の肉体的な痛みだけでなく心の痛みを知り、「その程度」「大したことではない」という捉え方をさせないために必要です。

担任　手はどんなふうでしたか。実際に見せて

手はこんなふうに拳で。そんなに力は入ってませんが、拳でガーンと

渡辺

担任　これまでに何回くらいしたのですか

僕は10回くらいだと思いますが

渡辺

担任　田中君や伊藤君は

回数まではわかりませんが、僕以上かな

渡辺

担任　どうして高橋君にこんなことをしたのですか。理由について何でもいいですから、思い当たることがあれば教えてください（※10）

（かなりの時間考えて）特にないです

渡辺

担任　ないのにそんなことをしたのですか

※10　本人の言葉や表現を引き出します。誘導尋問にならないよう気をつけましょう。

つい田中君たちの真似をしてしまいました
渡辺

担任
君はなくても、高橋君は田中君や伊藤君とは何かあったのかな。どうですか。そんな話になったことはないですか

僕は聞いたことはないです。高橋君と僕たちは友達ではないから、一緒に遊んだこともありません。高橋君と僕たちは小学校も違うから
渡辺

担任
今日は先生たちがいろいろな子に聴いて、事実の確認をしています。このことについては、別の日に話をすることになるので、そのつもりでいてください

担任
今日のことはまだ誰にも話さないでください。田中君たちに伝わると解決しにくくなりますので。御両親には先生がこれから家庭訪問してお話しします。時間があれば渡辺君からもあったことを話しておくといいですね。今日は正直に話してくれてありがとう（※11）

※11　これだけ重要な内容について聴き取りをしたのですから、聴かれた子も「これからどうなるんだろう。どうすればいいんだろう」と不安に思っていますから、その日のうちに家庭訪問すべきです。

　口裏合わせを防ぐためにも、また本人なりに「親にわかったらどうなるのだろうか」と不安をもっているので、担任は渡辺君を連れて自宅まで送り届けることにしました。

## ❹ 加害者が事実を認めない場合

　廊下で待っていたＡ先生は、終わりの会終了と同時に、伊藤君を第２相談室に連れて行きました。同時に３カ所で聴き取りをすることになります。

A先生

伊藤君、突然だけど、聴きたいことがあるのでこのまま先生と一緒に来てください

A先生

伊藤君は部活動はやってなかったね。今日はこの後の予定はありますか。塾か習い事があるなら、最大何時までなら大丈夫かな（※1）

え〜っ、そんなに時間がかかるのですか。塾は18時からですけど

伊藤

※1　加害者だからといって、学校側の都合を優先してはいけません。時間や食事などについては、最初から予定を聞いておきます。

A先生

今、15時半ですから、それまでには終わりますよ。これから聴くことはとても大切なことなので、本当のことを教えてほしいのです

えっ、僕が何かしましたか

伊藤

A先生

心当たりはありませんか。クラスの子とのことですよ

（しばらく考えて）何もないですけど……

伊藤

A先生

高橋君とのことですよ。これでわかるね（※2）

あ～高橋君ですか。よく遊ぶ友達ですよ。高橋君が何か言ったんですか

伊藤

A先生

いいえ、高橋君は何も言ってませんが、周りの子から訴えがありました。本当に何もしていないのですか（※3）

はい、僕は何も変なことはしてませんよ。どういうふうに言っているのですか

伊藤

A先生

君は変なことをしていないと思っても、周りの子や高橋君はそう受け取っていないかもしれませんよね。それでも心当たりはありませんか（※4）

う～ん、ないですよ。だって友達ですから（※5）

伊藤

A先生

高橋君の嫌がるようなあだ名で呼んだり、嫌な言葉を投げつけたりしていませんか

あだ名はふざけてですよ。見ていた子は遊んでいるときにお互いに何か言い合ったりするから、それを勘違いしたんじゃないかな（※6）

伊藤

※2　簡単に言わないと思ったら、相手の名前を出します。

※3　名前はもちろん、手がかりになるようなことも教えてはいけません。

※4　どうしても言わなければ、第三者の見たことや聴いたことを示す以外ありません。

※5　高橋君は「一緒に遊んだこともない」と言っているので、伊藤君が「友達です」と言うのは明らかに矛盾していることに着目しておきます。

※6　「ウソを言っているな」と思っても、強い言葉を使ったり脅したりしてはいけません。本人から認める言葉が必要なのです。

103

A先生

『のろま』『まぬけ』とか言っているようですが、相手にとっては嫌な言葉だと思いませんか

いいとは思っていませんが、それくらい遊んでいればありますよ

伊藤

A先生

では、その『のろま』とか『まぬけ』と言ったのは確かなんですね、何回くらい言っていたのですか

もう覚えていないけど、数回です。それだけです。本当ですよ（※7）

伊藤

A先生

そうすると伊藤君は、『のろま』とか『まぬけ』と言ったのは数回だけで、それ以外はないと言うんだね

そうですよ

伊藤

A先生

では少し待っててください。その間はB先生にいてもらいますから、話したいことがあれば話していいですよ（※8）

※7　情報提供者や被害者の言う回数とは、大きく食い違っていることに着目しておきます。

※8　複数の教師で対応できるなら1人は残ります。無理なら1人にする時間がほとんどないように（1、2分以内）、あらかじめ決めておいた先生がすぐに来るようにします。

　一致しない箇所が２つありました。①高橋君が友達だと言っていることと、②あだ名で呼んだのは数回だとしているところです。また、それ以外の嫌がらせ行為もないと自信をもって言っています。念のため、**対応した教師に確認したり、同時進行で聴き取りをしている渡辺君や田中君は何と言っているのかを照合したりする必要があります。** これをしないと伊藤君の聴き取りは進まず、事実はかなり食い違ったままになってしまうからです。

　この照合する会合は、対応した教師や学年主任、学年の生徒指導係などで行います。同時進行で聴き取りをしている中、中断しつつ集まるため交代の教師がいないとできません。なかなか大変なのです。

　もし時間がかかるようであれば、その日の聴き取りは打ち切って、翌日に回します。ただし延期するなら、事実の真偽はともかく、ある程度の確認が進んでいて、今さら口裏合わせをする必要もない段階になっていないとだめです。

　照合した結果、渡辺君は「高橋君と僕たちは友達ではない」と明言し、嫌なあだ名は田中君や伊藤君と何度も言ったり、あだ名以外にも「近づくな」「３メートル以内で息をするな」などとと暴言を吐いたり、暴力もあったと言っていることがわかりました。

　次にこの事実を伊藤君に示し、事実を確認することになります。

—第２相談室に戻り、聴き取りを再開します—

A先生

実は今ね、君の言っていることが他の子と同じかどうかを確かめに行っていました。その結果、君の言っていることとは違うんですが（※9）

※9　「もうウソは言えないよ」「これ以上ウソをつくと困ることになるよ」

などの脅し文句は
いけません。

え〜っ、本当ですよ

伊藤

A先生

君は遊んでいるときに、ふざけて数回『のろま』とか『まぬけ』と言ったということだったけど、どうも違うようです。すれ違いざまなどに、多いときは日に何回も言ってますよ。それに君はお互いに遊んでいるときのことのように言っていましたが、友達ではないらしいですね（※10）

※10　ここでどうしても認めさせようと思うと、教師側には脅しや体罰が生まれます。グレーゾーンのままでも効果的な指導があることを知っておきましょう（→ P.118❼）。

―しばらく困った顔をしている―

A先生

伊藤君、本当のことを全部話してくれますか。見ていた人や聞いていた人が何人もいるのですから

……わかりました。あだ名だけでなく嫌な言葉を何回も言いました

伊藤

A先生

あだ名はどれくらいでしたか

毎日のように言っていたことがあります

伊藤

A先生

どんな嫌な言葉でしたか

ゴキブリ、ゴミとか。近づくな、キモイ、息するな、とか

伊藤

A先生

回数は

毎日言っていたこともあるんで、回数は覚えていません

伊藤

A先生

言葉による嫌がらせ以外にもありましたか

（少し迷って）あ〜はい。蹴ったり拳でパンチしたりしました

伊藤

A先生

やった通りに見せてください。先生が高橋君だとして、実演してもらえますか（※11）

こうやって廊下や教室で後ろから蹴ったり、すれ違うときに拳で腹や肩をパンチしたりしました

伊藤

A先生

何回くらいやったのですか

最近は少ないですが、何十回もしています。でも田中君や渡辺君もやっていました

伊藤

A先生

2人はどれくらいやっていたのですか

※11　加害者の保護者はわが子を守ろうとして、「大したことない」「よくあることだ」という意識が働くことがあります。臨場感のある説明をするためにも、肉体的・精神的痛みを理解してもらうためにも、実演してもらうと保護者への説明のときにわかりやすいでしょう。

107

田中君が一番多いはずです。田中君がやっても僕は
やらなかったこともあるから
伊藤

A先生
ところで、どうしてそんなことをするの。何か高橋
君とトラブルがあったとか？

理由はないです。おもしろ半分というか遊びのつも
りでやっていました
伊藤

A先生
その相手がどうして高橋君だったのかな

う～ん。高橋君はおとなしくてやりやすかったからです
伊藤

A先生
わかりました。今日のことはまだ誰にも話さないでく
ださい。真っ直ぐ帰宅してください。いずれ親御さん
には先生たちから説明があると思います。親御さん
には自分からあったことを話しておくとよいですね。
今日は最後は正直に話してくれてありがとう（※12）

※12 つい指導し
たくなりますが、
今必要なことは事
実の確定ですか
ら、指導はしませ
ん。

　口裏合わせを防ぐためにも、また本人も「親に知られたらどうなるんだろう
か」と不安をもっているので、A先生は伊藤君を連れて自宅まで送り届けるこ
とにしました。

### ❺ 照合した後も加害者が事実を認めない場合

　廊下で待っていた学年主任のC先生は、終わりの会の終了と同時に田中君を小会議室に連れて行きました。田中君は中心になっている子と思われるので、担任も聴き取りにあたったほうがいいのですが、担任も同時に渡辺君の聴き取りをしていますから、終了しだい参加します。担任は経験が浅いので困難が予想されますから、学年主任のC先生が中心になって聴き取ることにしました。

C先生

> 田中君、突然だけど、聴きたいことがあるのでこのまま先生と一緒に来てください

C先生

> 田中君、この後の予定はありますか。塾か習い事があるなら、最大何時までなら大丈夫ですか。時間によっては親御さんに許可をもらいますので（※1）

> えっ、そんなに時間のかかる話なんですか。塾がありますが、19時からです

田中

C先生

> じゃあ大丈夫です。これから聴くことには本当のことを教えてください。とても大事なことです。高橋君について、何か心当たりはありませんか。数カ月前からです

> えっ、高橋君のことですか。（少し考えて）何かなあ。何もありませんけど……

田中

※1　この段階で田中君は加害者と思われるだけで、確定しているわけではありませんから、学校の都合で一方的に聴き取りをしてはいけません。終了時刻によっては、事情を話して保護者の許可をもらいます。

C先生
君が高橋君に対して、何か嫌がらせをしたとかありませんか（※2）

嫌がらせですか。ありませんよ  田中

 C先生
高橋君が嫌がっていたかどうかは別にして、高橋君に対して何かを言ったり何かしたりしていませんか（※3）

え〜っ、先生同じクラスですから何か言ったりはしていますよ。覚えてませんが  田中

 C先生
君は嫌がらせなんてしてないと思っていても、相手がそう受け取っていないということもありますから、よく思い出してください（※4）

―しばらく考えて―

高橋君が言ってきたんですか。それとも他の子ですか  田中

 C先生
本人が言ってきたわけじゃありません。君自身に嫌がらせの覚えはないかと聴いてるんですよ（※5）

※2　できるだけ本人の言葉で言ってもらいたいので、まだ具体的な言動は言いません。

※3　聴き方を変えます。加害者側に嫌がらせをしている意識がなければ、「嫌がらせ」では否定します。そこで「かかわり」を聴くことにしたわけです。

※4　「相手がそう受け取ってはいないこともある」という聴き方は、言うかどうか迷っている子には有効です。

※5　情報源が特定されるようなことは一切明かしてはいけません。「周囲にいた者」「目撃した子」などという言い方に限ります。

ありません。どうして僕なんですか。他の子と間違えているんじゃないですか

 高橋君とは、何かトラブルとかケンカとか、いっさい何もなかったということですか

そうですよ。何度も言っている通りですが

 何かを言っていたのを見た子もいるんですが、それでも何もなかったのですか

同じクラスですから、何か言ったことはあるかもしれませんが、嫌がらせをしたことはありませんけど

　ここで交代の教師のD先生にいてもらい、C先生は職員室に戻りました。聴き取った先生にもう一度確かめたり、他の加害者の子の聴き取りと照合することにしました。田中君が全否定するため、少し自信がなくなったようです。

　情報提供者の山本さんから聴き取ったのは担任で、加害者の1人である渡辺君は今聴き取り中ですから、担任が中断して戻ってくるのを待ちました。照合した結果、やはり事前打ち合わせと同じで、間違いなく「友達とはとてもいえない。一方的に暴力を振るっていた」ことを再確認しました。

　小会議室に戻り、聴き取りを再開しました。

C先生 今ね、君が高橋君を小突いたり蹴ったりしていたのをはっきり見た子がいるのを確認してきました。一方的だったらしいのですが（※6）

誰ですか。見間違えですよ（※7）

田中

C先生 でもね、すれ違いざまにパンチをしたりするのを何回も見ているのですから、見間違えはないと思うよ。どういうことだろうね

僕たちは友達だから、じゃれ合って遊んでいたのを勘違いしたんじゃないですかね

田中

C先生 君たちは友達だったの

はい、そうですよ。4月の最初は座席が出席番号順だったから、高橋君の後ろは僕です。だから、友達になったんですよ

田中

C先生 なるほどね。そうすると君はあくまで暴力は振るってはいないと（※8）

※6　通常は悪質性の低いものから高いものへと確認しますが、言葉のやりとりには誤解や勘違いもあるため、言い逃れをしやすい特徴があります。そこでなかなか認めないと思ったら、言い逃れをしにくい暴力から先に聴くのもいいです。

※7　情報源は絶対に明かしてはいけません。

※8　本人が間違いなく暴力を振るったことがわかっていないと認めないでしょう。

※9　初めから仲間は認めていることを突きつければ、もっと早く終わるのにと思われますが、仲間の証言は最後の方法です。「認める」場合、本人自身が心から認めるのと他人の証言によって「認めざるを得ない」

そうですよ
田中

C先生
では仕方がないので、一緒にやっていた渡辺君と伊藤君が言っていることを伝えますね。本当は君自身の口から言ってほしかったので待っていたのですが、だめなようですから。2人は嫌がらせを君と一緒にやっていたと認めていますよ（※9）

……2人は見間違えて勝手に言っているだけですよ。僕はそんなことしてません
田中

C先生
友達の2人も見間違えだと。わかりました。先生は納得がいかないので、もう少し確かめておきたいことがあります。B先生と交代しますから、少しこのまま待ちます

―ここでいったん中断して職員室に戻ります―

のでは、その後の立ち直りにも大きな違いがあるからです。
他の2人の証言はできるだけ出さないのがベストです。田中君から何らかの仕返しがある可能性もあります。2人の許可をもらうことを前提としなければいけません。もちろん、被害者本人の証言はできるだけ出しません。それを加害者に告げる場合は、保護者と事前に相談して、許可を得ておきます。

　職員室で生徒指導部長と相談し、田中君については時間も遅くなり、これ以上の聴き取りは同じことの繰り返しになるので、今日は終了することにしました。渡辺君と伊藤君はそろそろ終了しそうなので、この後に全員が集まって明日からのことは相談します。

　小会議室に戻り、C先生は今後のことを田中君に伝えました。

C先生

待たせて悪かったね。もう遅くなってきましたし、君が高橋君への嫌がらせはないという以上、今日は続けられないので終了にします。明日は見た人から聴いて、君とまた話すことになります

あ〜はい。わかりました

田中

C先生

この後ですが、先生と担任で君が塾から帰ってきた頃に家庭訪問します。これだけ重大なことを問いただした以上、親御さんにも説明しないわけにはいきませんから。親御さんには君を自宅に送っていくときに家庭訪問の許可をもらいます。今日はありがとう（※10）

※10　たとえ本人が家庭訪問を嫌がっても妥協してはいけません。また、必ず事前に許可をもらって訪問します。

　生徒指導部長と学年生徒指導係・学年主任、聴き取りにあたった教師全員が集合し、今日の進行具合の確認と明日からの対応を決めます。

　渡辺君と伊藤君は最終的に事実を認めました。しかし、田中君については見た子がいることを言っても、仲間の2人は認めていることを言っても全否定していることが報告されました。田中君についてどうするかを相談した結果、もし今日田中君の家庭訪問が可能だったとして、担任と学年主任のC先生が今日の経過を親に話せば、状況は変わるのではないかと推測しました。

※本書は保護者対応の本ではありませんので、これ以上ふれませんが、通常は保護者への対応でこの現状を打開できることも多いです。

　それでもだめな場合は、見たり聞いたりしていた中村さんからも新たな事実がないかどうか、聴き取りをすることにしました。それから再度、田中君の聴き取りをすることにしました。

## ❻ さらに第三者から聴き取る

　翌日、前日の家庭訪問の結果を学年の先生たちに報告しました。経過は話してきましたが、田中君の状況は多分変わらないだろうということだったので、予定通り今日は中村さんから聴き取り、その後再度田中君から聴き取りをします。中村さんには他の子には言わないように頼んで、放課後すぐにカウンセラー室に、田中君には相談室に来るように伝えます。2人とも聴き取る教師は田中君から聴き取っていたC先生です。同じ生徒には同じ教師が聴き取るようにしなければいけません。また、担任も時間の許す限り同席します。

### ―放　課　後―

C先生
悪いね。大事なことを聴きたいので協力してください。君なら協力してくれると思って

はい。何ですか

中村

C先生
高橋君のことなんですが、嫌がらせをされているらしいですね。君の見たり聞いたりしたことをどんな小さなことでもいいですから、教えてください

いろいろな人が見ていますよ。一番多いのは田中君たちが変なあだ名を大声で呼んだりするんですが、高橋君はいつもとても嫌な顔をしてます（※1）

 C先生　変なあだ名ってどんな

『のろま』、『まぬけ』が多くて、時々『粗大ゴミ』とか『メガネザル』とか

 C先生　他に言葉での嫌がらせはありましたか

『オレの何メートル以内に寄るな』『オレの近くで息するな』とかひどいことを言ってました

 C先生　そういうことは誰が、どういうときに言うの

中心は田中君ですが、渡辺君や伊藤君も言います。それ以外の子はいないと思います。あの3人は仲が良くていつもグループですから。言うときは……。休み時間ならところ構わずどこででも言ってますよ。最近は高橋君が避けて歩いているから、減っただけだと思います

 C先生　暴力はありましたか

※1　「そこまで知っていたらもっと早く教えてほしかった」と教師側は思ってしまいますが、ここでは後回しにして、聴き取りを優先します。

すれ違いざまに叩いたり、蹴ったりしてますよ

中村

C先生

そのときは何か言い合いをして叩かれたとかではないのですか。普通なら、お互いに何かやりとりがあって起きることが多いと思うんですが（※2）

※2　いざこざやケンカなら、双方の関係性があって起きるのが普通なので、その関係性を知るための質問です。

最近見たのも何の会話もやりとりもなく、廊下でいきなり蹴っていましたし、ほとんどそうだと思います

中村

C先生

高橋君があの3人と遊んでいたのを見たことがありますか（※3）

※3　田中君と伊藤君は聴き取りの中で高橋君とは「友達だ」と言っていることの真偽を確かめるための質問です。

新学期の4月の半ばくらいまでは、田中君と席が近かったのでしゃべっていましたが、一緒に遊ぶという感じではなかったと思います

中村

C先生

はい。ありがとう。嫌がらせがなくなるように取り組みますから、何かあったら教えてください。今度はもっと早く君から言いにきてくれるとありがたいです。今日聴いたことは君からだというのは人に絶対に言いません。君も言わないようにしてください

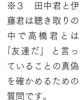

　中村さんの話から、高橋君と3人には友達関係がないこと、暴力は一方的だったことが再確認できました。その上で、再度、田中君の聴き取りをします。

## ❼ 再度、加害者から聴き取る

　学年主任のC先生が中村さんから聴き取っている間は、田中君は相談室でB先生と待っていました。

C先生

田中君、待たせて悪かったね。やはり君の昨日の話が納得いかなくて、もう一回聞かせてほしいんだ。君の話で一番納得がいかないのは、高橋君は友達だというところ。だから、話もするし、遊んだりもしていたと。それを見間違えたのではないかと（※1）

そうです。友達ですから、ふざけ合ったりしてますよ。それを見たときに勘違いされたのではないですか

田中

C先生

別の子にも聴いたら、何のやりとりも会話もなく、いきなり蹴ったりしていますよね。君の言うように友達なら、何かやりとりがあって蹴ったりしたとかならあるよね。一方的なのがおかしい

見た子はやりとりを知らないだけですよ。まれにいきなりふざけていたのを見て、いつもそうだと思ったんじゃないですか

田中

C先生

結構、たくさんの人が見ていて同じことを言ってるんだけどね

休み時間の全部を見ているわけじゃないですか。たまたまですよ

田中

※1　「君はウソをついている」とか「本当のことを言ってほしい」などという一方的な決めつけで聴いてはいけません。

C先生

そうですか。わかりました。君がそこまで否定するのですから、それは信じましょう。近いうちに御両親には学校側から説明に行きますが、君のやってないという主張はきちんと伝えます。この件については、友達や高橋君に問いただしたりすることがないようにしてください。いずれ詳しいことがわかったら、先生たちから説明します（※2）

えっ、どうしてですか

田中

C先生

君の主張と他の者の主張が大きく食い違っている以上、争いの原因にもなるし、強い者の主張が通ることになってしまうものです。新たなトラブルが起きてしまいますよ。いずれ君にもこの件について最後の話をして終わりにしたいと思います。昨日今日と放課後に時間をつくってくれてありがとう（※3）

※2　担任や学校側が事実を確定できなかった以上、この段階では加害者とは言えませんから、「君を信じます」と終わらせることになります。ここが警察と決定的に違うところです。

※3　主張が食い違ったまま終わらせる以外ない場合には、力関係が上の子が仕返しをしたり、強引に主張を変えさせたりします。そのため、必ず後日どうするかについて言っておかないといけません。

　聴き取りに関係した教師が集合し、事実の最終確認・被害者のケア・加害者への指導・保護者対応などの方針を決めます。中心となった加害者にはグレーゾーンのまま指導するのがポイントです（→第1章）。数点あげておきます。

- 加害者にはやっていないものとしてこれまで通り接触する
- 今後は双方とも学校は一定期間見守っていくことを伝える
- 今後は被害者が重大な被害を受けたら、加害者が認めていなくても警察などに通報することもあると伝える

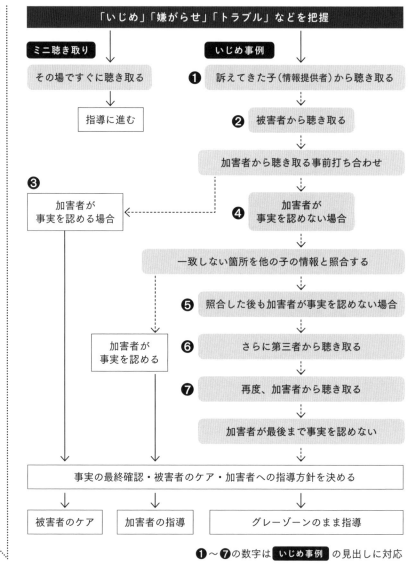

「聴き取り」フローチャート

「いじめ」「嫌がらせ」「トラブル」などを把握

**ミニ聴き取り**
その場ですぐに聴き取る
指導に進む

**いじめ事例**
❶ 訴えてきた子（情報提供者）から聴き取る
❷ 被害者から聴き取る
加害者から聴き取る事前打ち合わせ

❸ 加害者が事実を認める場合

❹ 加害者が事実を認めない場合
一致しない箇所を他の子の情報と照合する
❺ 照合した後も加害者が事実を認めない場合
加害者が事実を認める
❻ さらに第三者から聴き取る
❼ 再度、加害者から聴き取る
加害者が最後まで事実を認めない

事実の最終確認・被害者のケア・加害者への指導方針を決める

被害者のケア　　加害者の指導　　グレーゾーンのまま指導

❶〜❼の数字は **いじめ事例** の見出しに対応

120

# 7章

聴き方の失敗例から考える

**① 聴き取りと指導がごちゃまぜになっている**

**② 初めから決めつけていている**

**③ その後の処遇をほのめかしたり、脅迫したりする**

**④ 聴き手の興味に沿った聴き取りになる**

**⑤ 子どもと信頼関係が築けず、拒絶されてしまう**

**⑥ 担当者や人数が不適切である**

**⑦ ダラダラと長くなる**

**⑧ 場所が不適切である**

# 1 聴き取りと指導がごちゃまぜになっている

　聴き取りをしながら、「なんでそんなことをしたんだ！」などと叱る、つまり、指導してしまう間違いが、現場では最も多く見られます。子どもからすれば、叱られるのであればそれ以上は何も言いたくなくなりますから、事実確認などできません。

　子どもにふてぶてしい態度を取られると、憤慨したくなる気持ちもよくわかります。しかし、聴いている間は、指導を脇に置いて、聴き取りに徹するべきです。聴き手の主観が入り込むことは避け、「そのときあなたはそう感じたんですね？」と、対象の子どもが主体になる聴き方をします。

　ミニ聴き取りであっても、基本は同じです。ただ、ミニ聴き取りについては、毎回あとで呼ぶなどということは現実にはできません。その場合は、双方に事実を把握した後で、指導（評価）の必要があれば「その行為は〇〇さんを傷つけたかもしれないね。次からは気をつけようね」と、最後に

短く伝えてもよいでしょう。

## 2 初めから決めつけている

　学校で行う聴き取りは、加害と被害の両方がどちらも学校内の子どもであるケースが想定されるため、どちらかの肩を持ったような言い方や相手の子どもを非難するようなことは言わず、公平に中立的な立場で聴くことが大事です。

　しかし、保護者や複数の子どもから情報が入ってきた場合、同僚が現場を見ていて通報してきた場合など、初めから決めつけていることがあります。情報に基づいた一方的な聴き取りになってしまうのです。最初から決めつけて聴き取ると、子どもは教員に対して不信感を抱きます。可能な限り先入観を捨てて、聴き取りを行いましょう。

## 3 その後の処遇をほのめかしたり、脅迫したりする

　私立の学校や高等学校では、「退学レベルだぞ」など、聴き取っている教員がその後の処分を勝手にほのめかすことがあります。これはダメです。推測として伝えるのも余計なことで、これもダメです。

　本人から聞かれたとしても、「まだわかりません。わかったら連絡します」と伝えるに留めます。そもそも停学や退学処分といった生徒懲戒は校長が行うもので、聴き取りを行う教員にそのような法的制裁をする権限はありません。

「正直に言え」「嘘をつくな」「早く言え」「話せば停学は免れる」などは、脅迫になったり、取り引きを示唆したりすることになるので、これも控えます。

くれぐれもその後の処分等についてほのめかしたり、脅したりすることはしないようにしましょう。

## 4 聴き手の興味に沿った聴き取りになる

自分の興味のあることを聴き進めてしまう間違いもよく起こります。生徒指導の聴き取りは、客観的な事実を把握することです。「それでどうしたの？」「それからどうなったの？」と時系列に沿って正確に事実を聴き取ります。

芸能人の会見では、芸能記者が自分の興味のあることや記事になりそうなことや映像で使いたいことを聞く質問をしています。そうではなく、時間の経過に照らして何があったのかを一つずつ明らかにし、そのあと具体的な対応を行うためにあるのが、生徒指導で行う聴き取りです。

興味に基づいて聴くのではなく、「時系列」を意識して事実を聴き取りましょう。

## 5 子どもと信頼関係が築けず、拒絶されてしまう

聴き取りを行うとき、子どもと信頼関係（ラポール）が築けなければ、うまくいきません。「この先生には何をしゃべっても無駄だ！」とか、「こ

の先生、うざい！」などと思われないようにしたいものです。

　とはいえ、授業をしているとき、あるいは部活指導をしているときに、教員はその姿を見られていますし、すでに子どもから評価されてもいます。学校という場においては、聴き取りのときだけ急に取り繕えるようなものではないということです。日頃から子どもたちに信頼してもらえるような教員でいるよう心がけましょう。

## 6　担当者や人数が不適切である

　聴き取りを不適切な人が担当してしまうことがあります。保護者への報告を念頭に置けば担任が担当するのが適任だとは思いますが、担任が必ずしも適任であるとは限りません。子どもと距離が近いゆえ、冷静に聴き取れないことが少なくないからです。聴き取り中に指導し始めたり、余計なことを言い始めたりすることもあります。また、担任とはいえ子どもにとって話しづらい担任、あるいは関係が築けていない担任であれば、子どもは何も言いません。

　性被害や虐待の事案であればSCや養護教諭が適しているかもしれません。

　教員の人数が不適切だったりする間違いも起こりがちです。例えば、複数で聴きとりをしなければならない事案なのに、1人で行ってしまうような例です。1人で聴き取ると、その先生の興味関心に沿った聴き方になったり、聴き漏れが生じたりするリスクがあります。さらには、聴き取った内容に聴き取り手の余計な解釈が加味されてしまうこともあります。

　反対に、人数が多すぎると子どもに威圧感を与えることになるので、複

数といっても2人くらいで多くても3人までとするのがよいでしょう。実際には、複数の子どもに対する同時の聴き取りとなった場合など、教員不足から1人対応になることもあり得ます。

　誰が聴き取るのがよいのかは、子どもとの関係によって、あるいは教職員の配置状況によっても異なるので、初期段階のアセスメントで判断しましょう。

## 7　ダラダラと長くなる

　長時間にわたって聴かれたり、指導されたりすると、子どもは逃げ場がないような気持ちから視野狭窄状態に陥って、想定外の行動に出てしまうことがあります。

　何を聴き取るのかが事前に明確にされておらず、時間も意識していないと、ダラダラと長くなってしまいます。長くなれば、そのうち「日頃から○○ができていない」などということに話が及び、指導が入ってきます。事前に聴き取る内容を確認し、できるだけ最小限の時間となるようにしましょう（P.63参照）。

## 8　場所が不適切である

　聴き取りは、他の子どもに聞かれやすいところで行わないのが鉄則です。他の子どもに聞かれると、当人が不快なだけでなく、漏れ聞こえた話を他の子どもが勝手に解釈し、誤解を含んだ噂が広まったり、いじめの原

因になったりして危険です。

　早く済ませようと教室の隅のほうで聴き取りを行ってしまうと、他の子どもにも話の内容が漏れてしまいます。聴き取りは、他の子どもの目につきにくいところで行いましょう。

## 9　実際に起こったケース

　実際には、以下のような間違った聴き取りをしてしまうことがあります。院生および若手教員に彼らの失敗を聞いてみました。

### （1）感情的になってしまった

　支援員として学校に入っている大学院生です。ある学級で、クラスメイトに暴力を振るっている場面に遭遇し、聴き取りをしました。「なぜ暴力を振るってしまったの？」と事の経緯を聴いたのですが、「むかついたから……」という言葉を聞いたとき、子どもの声を遮って「むかついたら暴力を振るってもいいんですか？　いけませんよね」と少し感情的になって指導してしまいました。最終的には、児童から「暴力は振るわない」という言葉が出たものの、あとで感情的になってしまった自分に恥ずかしくなりました。無意識に聴き取りと指導を同時にしてしまったのだと思います。未熟だと反省しています。
（京都教育大学連合教職大学院　山之内里駆）

## （2）長時間の聴き取り

・・・・・・・・・・・・・・・・・・・・・・・・・・・・・・・・・・・・・・・・・・・・・・・・・・・・・・・・・・・・・・・・

　小学校の場合、聴き取りは友達関係のトラブルが多く、聴き取る前に児童もしくは保護者から情報を得た上で聴き取ることがあるのですが、振り返ると自分の描いたイメージを頭に浮かべながら聴き取りを始めることがあったように思います。

　聴き取りを進めていく中で話が違うと、「これでは保護者に返せない」「ほかの子の話と違うから、嘘をついているのではないのか」と思い、追い詰めるような形になり、事実が見えなかったこともありました。そうなると同時に、聴き取る時間も長くなります。

　複数の子どもを同時に聴き取ったこともありますが、それぞれの子どもが自分の主張を述べ始め、それを聴いているとますます腹が立ってきて、指導をしてしまうこともありました。結果的に、追い詰めてしまう、指導をしてしまう、話が長くなるなどして、1時間の授業を丸ごと使ったこともあります。教員になったばかりでそれまで経験がなかったとはいえ、今となっては反省しかありません。

（小学校教諭　平井敦也）

・・・・・・・・・・・・・・・・・・・・・・・・・・・・・・・・・・・・・・・・・・・・・・・・・・・・・・・・・・・・・・・・


## （3）子どもに嘘をつかれた

・・・・・・・・・・・・・・・・・・・・・・・・・・・・・・・・・・・・・・・・・・・・・・・・・・・・・・・・・・・・・・・・

　初任のときの話です。授業や学級経営、そのほかの業務など初めてのことが多すぎて戸惑ってばかりでした。ある日、Aの保護者から電話がありました。

　「うちのＡがクラスでいじめられている。だから学校に行きたくないと
Ａは言っている。話を聞いてほしい」という訴えでした。ＡとＡの保護者
に来校してもらい、学年主任の先生とともに事実確認を行いました。する
と、同じクラスのＢから体型を揶揄するような悪口を言われていることが
発覚したのです。

　翌日の朝、学年の生徒指導担当の先生とともにＢに聴き取りを行いまし
た。自分のクラスでいじめが起こってしまった、何とか解決したいという
思いでＢにＡをからかうようなことを言ったかどうか確認を取りました
が、Ｂは「言っていません」と否定するだけでした。「え、どういうこと？」
と内心、私は焦りました。「本当に言っていないの？」と確認してもＢは
表情一つ変えずに「言っていません」の一点張りで、私はどうすればいい
のか全くわかりませんでした。

　その後、私が退室し、生徒指導担当の先生が再度、Ｂに聴き取りを行っ
たところ、Ａをからかったことを認めました。その報告を聞いた私は安心
したものの、一方でＢに平気で嘘をつかれていたことに非常にショックを
受けました。そして「なぜ自分には言ってくれなかったのか」と腹が立っ
たり、自分を責めたりして、情けない気持ちでいっぱいでした。

　振り返ると、生徒との関係づくりが表面的だったのかもしれません。当
時の私は、慣れない環境の中、膨大な業務量に忙殺され、生徒と関係づく
りをする余裕がありませんでした。もし、Ｂと関係ができていれば、Ｂは
話してくれたのではないかと今は思っています。　　　（中学校教諭　匿名）

## （4）場所を誤った

初任で4年生の担任をしたときのことです。自分にとって都合の悪いことや嫌なことからすぐに逃げてしまう女子がいました。その女子が原因でトラブルが起こり、教室で聴き取りを始めました。

教室という場所を選択したのが間違いだったのです。聴き取りを始めるとすぐに「私は悪くない」と言って、その児童が逃げ込む定位置となっていた教室横のトイレに逃げ込みました。女子トイレの前まで行って出てくるよう言ったものの、結局何も聴き取れませんでした。

児童の特性を知っていたのに、予測が甘かったです。（小学校教諭　匿名）

## （5）口裏合わせをされた

初任で小学4年生の担任をしたときのことです。クラスの中にいつも一緒にいる女子2人がいました。2学期を過ぎると2人だけで過ごし他の人を寄せ付けない態度をとるようになりました。2学期の半ばの朝に、彼女らから意地悪をされているという訴えがあり、聴き取りを行いました。

他の教員と協力して別々で聴き取りを行えばよかったのですが、当時は解決することを急ぎ、その日の中休みに2人まとめて聴き取りを行いました。その結果、聴き取りをしている最中に2人で口裏を合わせていき、2人にとって都合のよいストーリーができてしまいました。

それは、訴えてきた子や周りの子どもが見ていたものとは全く別のもの

でした。未熟で何も知らずに聴き取りを行ってしまったがゆえに、訴えて
きた子や周りの子どもの信頼を一気に失ってしまい、学級経営はガタガタ
になりました。

（小学校教諭　匿名）

## （6）事実確認が杜撰だった

　初任のときのことです。トラブルがあったら事実確認することは知って
いましたが、それ以上深く理解していなかったので、結局泥沼になってし
まいました。

　最もダメだったのは、事実確認を簡単にし過ぎてしまったことです。聴
き取りの際、加害者と思われる児童は否定し、心当たりがないと言ったの
で、そこで終わってしまいました。時間をかけると、授業時間に入ってし
まうと考えたからです。

　簡単に否定されたので、被害児童の保護者にきちんと説明できず、聴き
取った加害（と思われる）児童の保護者には連絡もしていませんでした。
聴き取った子は帰宅後、私から聴き取りを受けたことを話したため、「詰
問だ」「犯人と決めつけているのか」などという電話が保護者からかかっ
てきました。

　振り返るうち、事実を明らかにするには、聴き取りの際に子どもが正直
に話せるような関係づくり、保護者との関係づくり、同僚との関係づくり
などいろいろな要素が基盤として自分にあるかどうかが問われていたのだ
と気づきました。

私は、子どもに話してもらえるような関係が築けておらず、保護者にもうまく伝えられず、同僚にも相談できず……。苦しかったです。その場その場では自分なりに精一杯していたつもりでしたが、聴き取りをきっかけにさまざまな点で力不足を痛感しました。

（小学校教諭　匿名）

## （7）高圧的な聴き方をした

　初任の頃の話です。夏休みのある日、複数の生徒が「万引き」したとお店から電話がありました。夏休みだったため、生徒指導主事及び担任が不在で、職員室内には若手の教員3名しかいませんでした。該当の少年を学校まで連れて行き、教員3人で別々に聴き取りを行うことになりました。

　しかし、生徒たちの言うことに食い違いが見られ、再度聴き取りを行ったのですが、今度はそれぞれが異なることを言い始めました。その後、生徒たちは何も話さなくなりました。なかなか状況を打破できずに戸惑っていましたが、生徒指導主事が出張先から戻り、状況を把握し、一人ひとり聴き取りを行ってくれることになりました。生徒指導主事は、生徒たちに「なぜ、真実を初めから話さなかったのか」と聴いたそうです。すると、「先生たち（私たち教員3人）がめちゃくちゃ怒っていたから、本当のことを言っても信じてくれるかわからなかった」と。

　今思うと、聴き取り方に大きな問題があったのです。苦い夏の想い出です。

（中学校教諭　匿名）

## （8）ベテラン教員のやり方に疑問

中学校に採用されて間もないある日、男子生徒Aが女子生徒Bの悪口を言っていると、同じクラスの生徒から担任に報告がありました。当時、その学年に配属されていた私は、担任と一緒にAに聴き取りをすることになりました。

担任はAに対して、「Aさんの言葉で、クラスの中に傷ついている人がいるんだけど、心当たりはある？」と聴きました。すると、Aは「ありません」と答えました。担任は、「もう少し考えてみようか。本当にないかな？」と続けました。しかし、「全くありません」とAは答えます。

このやりとりが10分ほど続いたため、私は職員室に戻って学年主任に現状を報告しました。すると学年主任は、「絶対嘘をついているから、本人の口から吐かせて。本人の口から言わせないと意味がないから」と言いました。その後また聴き取りに加わったのですが、同じ状況が30分も続きました。

しびれを切らした学年主任が聴き取りに入り、「クラスの子らからも情報はもらっている。正直に言いなさい」と少し強い口調でAに言いました。それでもAは「知らない」と言います。学年主任は、「Bさんの笑い方を真似して、『あいつの笑い方ヘンだな』とか言ってないか？」と具体例を挙げました。

すると、Aは「それはしました」と言ったのです。そこからは、Aへの指導が始まりました。指導の内容は、悪口を言っていたことよりも、なぜ正直に言わなかったのかが中心でした。

新人教員だった私には、強烈に記憶に残るものでした。「教師が生徒を嘘つきだと決めつけて、自ら白状するまで問い詰める必要があるのだろうか」と疑問に思ったからです。「そのときのＡは、嘘をついていたのではなく、他者を傷つけていたことに気づいていなかったのではないだろうか」とも思いました。気づいていないのだから、人を傷つけてもよいと言いたいわけではありませんが……。

　今はもう４年目に入り、新人ではありません。事案が起こると、そのときの記憶が思い起こされます。まだまだ未熟ですが、自分なりに丁寧に聴き取るよう努めています。

（中学校教諭　匿名）

## 参　考

　ここで、警察官が犯罪の捜査を行うに当たって守るべき心構え、捜査の方法、手続その他捜査に関し必要な事項を定めた「犯罪捜査規範」を見ておきましょう。誘導することや話した代償としてなんらかの利益を示唆するなど、供述の信用性を失わせるおそれのある方法を用いた取り調べをしてはならないことが示されています。

---

**「犯罪捜査規範」第168条２項**
　取調べを行うに当たつては、自己が期待し、又は希望する供述を相手方に示唆する等の方法により、みだりに供述を誘導し、供述の代償として利益を供与すべきことを約束し、その他供述の真実性を失わせるおそれのある方法を用いてはならない。

---

# 8章

聴き取りが終わったら記録する

# ① 記録の目的

　記録担当に当たった者は、聴き取りながら、まずは速記的にメモ形式で書き記すことになります。他の人に見せてもよくわからないものでも、自分には読めるものです。

　そのあとは、メモ書きしたものを教職員間で共通理解できるよう整理して記すことになります。

　整理したものは、通常電子ファイルや印刷物、写真などになりますが、それを関係者間で共有することになります。自治体によっては、特定のファイルに入力するようになっていたり、書式が定められたりしていることもありますから、その場合は指示にしたがって記入してください。

　情報共有のために、毎回教員が集まって情報交換するのは、忙しい学校現場では難しいでしょう。ただ、集まるのが難しいからといって共有しなければ、その後の対応は確実に遅れます。

　必要な事柄が正しく客観的に書かれ、その記録にアクセスできるようにしておけば、関係者間での情報共有は時間を取らずにサクっとできます。

　子どもへの対応が、教員によってチグハグにならないようにするためにも、記録を通した情報共有は大事です。

　こうした記録は、アセスメント会議の資料となったり、管理職に報告したりするための文書にもなります。場合によっては、のちにいじめ重大事態等の第三者委員会等で外部にも公開される可能性のある文書ということにもなります。各地方公共団体等の文書管理規則の公文書（行政文書）に

該当する可能性のある記録ですので、書き方については注意が必要です。

　記録の書き方について筆者が最も気になる点は、書き手の立ち位置です。記録者が自分の思いを前面に押し出して書いた記録は公文書として好ましくありません。記録する際には、推測を書き込んだり、教師の思いを追加して書いたりすることを避け、「公平に中立的に書く」ことを意識します。

　人間ですから誰しも無意識のうちに、自分に有利な書き方を、あるいは学校に都合のよい書き方をしてしまうでしょう。けれども、それはしてはいけないことだと強く意識しておかないと記録としては不適切なものになってしまいます。

　記録は、今や生徒指導では欠かせないものになっています。子どもや保護者に丁寧に説明するためにも、さらには自分を守るためにも、正しい書き方を知った上で記録を残しましょう。仮に記録が残っていなければ、そのあと誰かにその指導がどうだったのかについて問われても、説明できません。

　「事実として何があったのかを丁寧に聴き取ったのか」「その事実から教師がどのように動いたのか」すなわち「客観的事実」や「教師や学校がどう動いたのか」が、わかるように書かれた記録を残しておくことが、子どもはもちろんのこと、教員も学校も守ることになります。なお、文字で残す記録のほか、必要であれば写真や現物なども一緒に残すとよいでしょう。

## 2 記録に関する注意

　記録担当者は、基本的に記録に専念します。複数の教員が頷いたり、聴いたりすると、子どもはどちらに反応すればよいか戸惑うことがあるからです。

　さて、記録担当者は、聴き取り中に、メモ書きしながら記録しているはずです。そこから、整理して書く際の注意を下記に挙げます。

### （1）記録者等の情報を書く

　記録には聴き取りの開始時間や終了時間、聴き取った教員の名前、記録者の名前などがわかるように、必ず書き込みます。

### （2）日付や時間は正確に、時系列で書く

　事案は、日にちとともに、時間も書きます。時間を書くメリットは、正確性が増すということと前後関係の説明も含めて明確になるという点です。記録は、指導をした証でもあり、訴訟等においては証拠資料となるものでもあります。あとで見てわかるように時系列で書きましょう。P.143に例を示しています。

### （3）事実をそのまま書く

　子どもや保護者が発した言葉で重要だと思われるものは、そのまま「カギカッコ」を使って書きます。

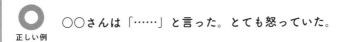

もし、そのときの状態を説明したいのであれば、次のように表記するのは事実なので問題ありません。

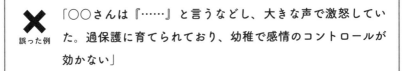

## （4）事実と評価を分け、事実のみを書く

自分の余計な評価まで書かれているので、正しい表記の仕方とは言えません。

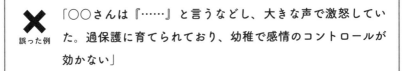

激怒していたことは事実なので、書いてもかまいません。

※5W1Hを意識しながら記録する。子どもの重要な発言やどう感じたかなどは、
「　　　　」で記録に残す。

## （5）主観で書かない

〇〇さんはいつも落ち着きがなく、ADHD が疑われる。

〇〇さんは多方面に興味が向いてしまい、落ち着いて座ることが難しい。

ADHD の診断を受けてもいないのに、勝手に書いてはいけません。

## （6）可能であれば、聴き手の質問を残す

　子どもや保護者の発言については、通常きちんと記録されていますが、聴き手の教員が発した質問は残っていないことがほとんどです。誘導を防ぐ意味でも、簡単でよいので、記すことをお勧めします。

「質問：そのときどう感じたのか？」

## （7）保管する

　教室の机に不注意に置いた記録を、教師がいないときに子どもが触ってしまうことがあります。記録は個人情報ですから、子どもの目に触れることがあってはなりません。くれぐれも注意しましょう。成績の保管については問題になることがありますが、こうした記録も個人情報ですので、同様に慎重に保管します。

## （8）保存する

　「いじめ重大事態の調査に関するガイドライン」には、「記録の保存」について以下のように記されています。

---

○調査により把握した情報の記録は、各地方公共団体等の文書管理規則等に基づき適切に保存すること。この記録については、重大事態の調査を行う主体（第三者調査委員会等）が実施した調査の記録のほか、いじめの重大事態として取り扱う以前に法第23条第2項の調査において学校の設置者及び学校が取得、作成した記録（※）を含む。なお、原則として各地方公共団体の文書管理規則等に基づき、これらの記録を適切に保存するものとするが、個別の重大事態の調査に係る記録については、指導要録の保存期間に合わせて、少なくとも5年間保存することが望ましい。

**※学校が定期的に実施しているアンケート・個人面談の記録、いじめの通報・相談内容の記録、児童生徒に対する聴き取り調査を行った際の記録等。教職員による手書きのメモの形式をとるものであっても、各地方公共団体等の文書管理規則の公文書（行政文書）に該当する場合があることにも留意する。**

○これらの記録の廃棄については、被害児童生徒・保護者に説明の上、行うこと（無断で破棄して被害児童生徒・保護者に学校に対する不信を与えたケースがある。）。また、個々の記録の保存について、被害児童生徒・保護者からの意見を踏まえ、保存期限を改めて設定することも考えられる。　　　　　（注：太字は筆者による）

---

　記録を紛失していたり、勝手に廃棄していたりすると、事案の解決が難しくなるだけでなく、不適切な対応であるとして指摘を受けることになり

ます。いじめ事案、事故事案、対応困難事案、継続事案などは、5年間保存することが望ましいです（周防，2023）。

　実際、いじめの重大事案等では、記録がないと原因の究明が難しくなったり、再度調査を行わなくてはいけなくなったりというようなことが生じます。

　例えば、2016年に起きた神戸市垂水区のいじめ自死事案では、事件発生後の同年10月11日に教職員が生徒に行った聴取時のメモを隠蔽したということで問題になりました。神戸市いじめ問題審議委員会の報告書（1回目の第三者調査委員会）には、「すでに破棄されていた」と記載されていました。これを受けて遺族は「報告書作成までの調査が不十分であり、いじめを生んだ生徒間の人間関係や学校の対応の問題点が明確になっておらず、納得できない。本来なら調査を継続すべきだ」と再調査を希望しました。

　後日、「すでに破棄されていた」はずのメモのようなものの存在がわかり、改めて神戸市いじめ問題再調査委員会（2回目の第三者調査委員会）による調査が開始されました。その中で破棄したとされるメモと同様の内容を記載した資料の存在があったことも判明しています。

　この事案の経緯からも窺えるように、記録の有無や保存は調査に影響を及ぼすほど重要だということです。

# 3 「聴き取り」記録例

Aの聞き取り　　　　　　　　聞き取り担当者　　〇〇・□□

2022年1月16日(月) 13：15〜13：40

　2022年1月16日の昼休み直後、Aは、B、C、Dから体育館の入り口に呼び出された。

　Bから「映画を見に行くから、金を貸して」と言われ、Aは「嫌だ、いつも貸すと返ってこない」と言った。Cが「"返して"と言わないからだ」と言うと、Dも「そうだ、Aが悪い」と言った。Bは「金を貸してくれるから遊んでやっているのに。あっちに行けよ」と右肩を突いた。CとDも「あっちに行け」と言った。Cが右足首あたりを蹴った。Dは「あっちに行け」と言っただけで何もしていない。

　近くで、体育館に入ろうとしていたE、F、Gが見ていた。途中から体育館に来たHも見ていた。

　Aが最初にお金を貸したのは夏休み、3人に3,000円を貸すが返ってくる。その後、11月にAも一緒に行った買い物で3人の

> 教員のいじめ認識から聞き取りされた重要な情報です。今回のいじめに関連する内容も記録することが大切です。

お昼ご飯代3,000円と冬休みに3人がゲームソフトを買うお金を10,000円貸している。11月と冬休みに貸した13,000円は返ってきていない。Aは保護者にお金を貸したことを言っていない。

記録：〇〇(□□)

本章の内容については、『生徒指導の記録の取り方』（学事出版）に詳しく書いています。ご参照ください。

〈引用・参考文献〉
• 周防美智子・片山紀子（2023）『生徒指導の記録の取り方─個人メモから公的記録まで』学事出版
• 片山紀子（2022）『四訂版 入門生徒指導─持続可能な生徒指導への転換』学事出版
• 神戸市いじめ問題調査委員会（2019）『調査報告書（概要版）』4月16日

# 9章 聴き取りが終わったら報告する

聴き取ったあとは、前章で述べたように記録しますが、事案によっては
それを整理するより先に学年主任や生徒指導主事、管理職、保護者に、第
一報としてすぐに報告したほうがよい場合もあります。
　では、学年主任や生徒指導主事、管理職、保護者は、日頃、教員の報告
をどのように見ているのでしょうか。

# 1　生徒指導主事や学年主任等の<br>立場から見た教員の報告

　生徒指導主事配置の有無や校種、規模によって報告体制が異なるかと思
います。ここでは、小学校であれば１学年３〜４学級、中学校であれば１
学年４〜６学級程度の学校の生徒指導主事や学年主任に聞いてみました。

## (1) 小学校学年主任の声

　小学校では、いじめや不登校など深刻な事案については必ず管理職がか
かわりますので、問題が発覚した場合は生徒指導主任や管理職に報告しま
す。もちろん、小さな問題は担任や学年の中で解決を図ります。
　私がかつて担任だけをしていたときは、自分の学級で問題行動が起こら
なければ他クラスのことを知る必要はないと考えていました。この意識
が、学年主任になってから大きく変わりました。学年で共有すれば、児童
の誰かが「友達の持ち物を壊した」というとき、その背景に何か原因が隠
れていることもあり、「慎重に聴き取りをしたほうがよい」などといった
ことに早く気づくからです。報告してもらえないと、各担任が個人で判

断してしまうので、その子のサインを見逃してしまうことがあります。

　日々学年で報告し合うことで、学級によって対応が大きくぶれることもありません。学年が安定すると、子どもも安心します。例えば「1組では教室の中で何をしていても"指導されない"けれど、3組では"指導される"」などといった不満が子どもにくすぶることもありません。

　小さなことでも口頭で報告するようにお願いしているので、聴き取り後の報告も自然と入ってきます。学年主任としても助かっています。

（小学校教諭　匿名）

## （2）小学校生徒指導主任の声

　私の勤務する小学校では、学年主任の裁量が大きく、問題発生時はまず学年主任に相談し、聴き取った後に指導方針を決め、指導した後に生徒指導主任に報告を行います。報告を行う際は、①まずは一度自分で内容を整理する、②早めに報告する、③主観と客観を分ける、④今後の方針の案をもっておく、この4点を意識してもらえるとありがたいと思っています。

　問題が起きて、担任も慌てていることはよくわかるのですが、整理して報告してくれないと時系列がわからなかったり、後から新しい重要な事実が出てきたりして、判断が難しくなる場合があります。短い時間でよいので自分で情報を人に伝えられるよう整理してから報告するようにお願いすることもあります。

　基本的に報告は早めがありがたいです。報告が早いと、できる対応の可

能性が広がります。事案は朝起きたのに、午後や放課後になってから報告され、「もう少し早く報告してくれていれば……」と思ったことは何度もあります。

客観的な事実が重要で、その事実の正確さが大切です。子どもとのかかわりが多いのは担任なので主観も軽視はできないと思いますが、主観と客観とを分けて報告してくれないと判断を誤るもととなります。そのため、少し距離を置いてかかわっている学年主任などに、聴き取りに同席してもらうようお願いしています。

報告をする際には、ある程度でよいのですが、今後どう指導をしていくかを自分で決めておいてほしいです。自分の考えがなく、「どうしたらよいですか?」などと聞いてくる受身な人は、指導に一貫性がなくなるため、うまくいかないように思います。

ただ、あまりうるさいことを言うと報告してくれなくなり、情報が集まらなくなるので、どんな報告でもありがたいという気持ちで受け取っています。子どもの問題を適切に解決するだけでなく、担任の気持ちを聞いて精神的に安定させてあげるのも生徒指導主任の大切な役割なのだろうと思います。

（小学校生徒指導主任　匿名）

- - - - - - - - - - - - - - - - - - - - - - - - - - - - - - - - - - - - - - - - - - -


## （3）中学校学年主任の声

- - - - - - - - - - - - - - - - - - - - - - - - - - - - - - - - - - - - - - - - - - -

学年主任となって5年目です。以前は、該当者が複数名いる場合、聴き

取りがある程度終わった段階で、一度学年で集まり内容の確認を行っていましたが、タブレット端末の普及により、近年は聴き取り内容をオンラインで共有することができるようになりました。内容に相違があった場合も、学年主任から教員に対し、オンラインで指示を出すことができます。

　昨年度のことです。2人の生徒がかかわった事案が発生しました。中学校では複数の教員で同時に聴き取りを行うことがよくあります。この日は緊急で人が足りず、2人の生徒に2人の教員でそれぞれ聴き取りをし、タブレットで報告してもらうことにしました。

　教員Aの報告は、時系列に沿って整理されており、5W1Hもはっきりし、わかりやすいものでした。一方、今年転勤してきた教員Bの報告は、時系列はめちゃくちゃな上に、そこに感情や思いなども同時に記入されていました。記述からは決めつけた形跡も伺え、「聴き取り」と「指導」が明らかに混同していました。さらには、学年での情報共有すら終わってない段階で、勝手に指導を始め、その後タブレットで報告してきていたのです。

　聴き取りは、その後の指導の方向性を決定する上で、大変重要なものです。中学校は学年主任を中心にした組織対応が基本です。改めて、事実の把握に関し、ある程度同じようにやってもらわなければそのあとが困ることを実感しました。本年度は、4月当初からそのことを学年の先生方に伝え、「5W1Hを聴いてほしい。聴き取り後はすぐに指導しないで、まずは報告してほしい」とお願いしています。

（中学校教諭　匿名）

## （4）中学校生徒指導主事の声

私が生徒指導主事をしていて、ありがたいと思う報告とは次の4点が押さえられているものです。

- 時系列と事実が正確であること
- 今後の方針を明確に考えていること
- 早め早めの報告であること
- 内容が複雑な場合や指導後については、口頭ではなく書面（データ）の記録資料があること

担任から生徒指導主事への報告は「〜ということがありました。放課後に、生徒を多目的室で聴き取り、そのあとはおおよそこういう方針で指導を行います」といったように、「事実」と「今後の方針」が事案の発生後、できるだけ早く耳に入る形がありがたく感じます。

「どのようなことが発生し、今後どのような対応をいつ、どこでとるのか。その後はどういう方針なのか」がある程度明確になっていることが望ましいです。特に、指導が難航していきそうな事案の場合、事前に相談や報告をしてくれると、私も一緒に考えることができますし、場合によっては方針を修正することもできます。その相談や報告が聴き取り後になってしまうと、すでにこじれていることもあり、管理職も含めた対応が必要になることがあります。

事案の内容が複雑な場合（かかわる児童生徒が多いときや、長期にわたる事案等）や指導が落ち着いた後は、口頭での報告ではなく書面（データ）

での報告をお願いしています。文字にしたものであれば正確に伝わります
し、記録としても残せるからです。

（中学校教諭　片山智之）

## 2 管理職の立場から見た 教員の報告

　どのレベルの事案から管理職に上げるのか（報告するのか）は、学校により異なると思いますが、管理職も知っておかなければ後の対応で困ることも出てきます。

　例えば、いじめによって不登校が生じていることが把握できているのであれば、早めに本人と周りの子どもから聴き取った記録に基づき、管理職に報告します。聴き取ったあと、そのまま管理職に伝えずに、ほうっておくと例えばいじめ事案であれば、欠席が30日を超えた時点でいじめ重大事態となり、学校として即いじめ重大事態への対応が必要となります。早めに伝えてもらわないと、管理職としては困るでしょう。

　担任・学年主任・生徒指導主事、どのラインから管理職に伝えるのかは、学校段階によっても違うでしょうが、いずれにしても事案が起きれば、「管理職への報告」は頭に入れておく必要があります。

### （1）管理職の声

　校長の大切な仕事の一つは、的確に判断することです。その判断を支えるのが、先生方からもたらされる報告であり、その報告の質が判断の確かさを保証することになります。特に、大きな事案に発展しそうな子ども同士のトラブルなどは、正確さを欠いた報告が校長の判断を誤らせ、事態を悪化させます。質の良い報告とは、以下に示すとおりです。

● 事実が5W1Hを踏まえて客観的に伝えられている。

● 時系列で整理され、事実に抜けがない、矛盾がない。

● トラブルは複雑な要因が絡み合って生じるので、その要因を多角的・多面的に捉えている。

● 報告者の先生がこれらの報告を踏まえ、指導の方向性について一定の見解をもっている。

　一方、報告に先生の感情が混じる、特に「言い訳」の混じった報告は校長として困ります。

　例えば、「子どもには○○と言っておいたのですが……」というような言い訳が入ると、それを聞く時間さえもったいないし、何か隠していることがあるのではないかという疑念すら生じてきます。

　ただし、上記の条件を全て備えた報告書を作成するのには時間がかかってしまいます。「巧遅拙速」という言葉があるように、むしろ「拙速」な第一報がありがたい。完璧でなくても早く伝えてくれる方が校長としてはありがたいのです。

　一報が入ると、管理職は次のステップへのアドバイスや方向性を示すことができます。丁寧な報告は少し落ち着いてからでも結構です。第二報、第三報と、軽微なことでも先生方が引き続き報告を上げてくれることが、解決を助けます。管理職が拙速な報告にダメ出ししたりすると、次第に報告が上がってこなくなるので、管理職自身のスタンスも大事です。

（元京都府立学校校長　冨永吉喜）

# 3 保護者の立場から見た 教員の報告

　聴き取り後には、保護者への報告も必要になります。例えば、いじめによる被害者の保護者であれば、「なぜうちの子がいじめられなければならなかったのか」「誰がいじめたのか」といった事実を知りたいでしょうし、「学校がどう対応してくれたのか」も気になります。

　そうした保護者に対してどのように伝えるのかはとても重要です。保護者等への連絡は、必要な聴き取りを終え、齟齬が生じないことを確認してから、できるだけ早く行います。聴き取るのに数日かかると思われるような事案については、伝えられる範囲で経過を報告します。

　短時間でよいので、学年や生徒指導部等の組織で確認した上で保護者に伝えるようにすると、自分では意識していないことに気づけ、保護者に間違った内容を伝えるリスクが減らせます。

　1章でも示しましたが、聴き取っても原因等がはっきりしないいわゆるグレーゾーン事案では注意が必要です。推測でものを言わないことはもちろんですが、グレーであるがゆえに保護者への報告が遅れて、トラブルになることがあるからです。

　例えば、「うちの子が友達のＡさんにいじめられているかもしれない」と保護者から連絡があり、本人とＡさんの両方に確認するため、聴き取ってはみたものの、わからないといったような場合です。子どもに聴いてもはっきりしないため、保護者への連絡が遅れ、「保護者への報告が遅い」あるいは「報告がない」ということで保護者とトラブルになるのです。担

任はうまく答えられそうになく、保護者への返答をおろそかにしてしまい、「そのままズルズルと何日も放っておいた……」なんていうことがよくあります。

こうした報告の遅れは、保護者の怒りを増幅させてしまいます。

案件によっては、わかっているところまでの報告しかできないこともありますが、それでもよいのです。わからなければわからないで、「調べた結果、今回はよくわかりませんでした。今後は双方をよく見ておきますので、何かあったら小さなことでもすぐにご連絡いただけると助かります」と、途中経過と今後の対応をできるだけ早く（当日か遅くとも翌日まで）報告します。グレーであったとしてもグレーのまま、わかっている範囲で保護者には報告します。

いつ何を保護者に報告したかも記録しておきます。記録することによって、事実を正確に伝えられるという理由からだけでなく、記録に基づいて自信を持って堂々と対応できることが、教師自身に余裕をもたらし、そのことが保護者からの信頼につながるからです。そうなれば、余計なトラブルも避けられます。

## （1）小学生保護者の声

小学校２年生の父親です。先生からの報告で困るのは、まず保護者への連絡がすぐに行われないことです。例えば、子どもが、「学校でいじめられた」と言って泣いて帰ってきたような場合、担任の先生が対応で忙しくて連絡できないような場合であっても、管理職から代わりに急いで連絡し

てもらえたらよかったのにと、腹立たしく思ったことはあります。

　連絡がないことで、管理職と共有していない、すなわち組織として対応していないということも垣間見えますし、こちらも子どもにどう対応したらよいかわからず戸惑うからです。仮に、連絡があったとしても、報告のみで今後の対策がないのも親の立場としては不安です。その時点でわかっている対策だけでも早く伝えてほしいです。

　反対に、スピード感のある、対策を含めた報告をしてくださると、保護者としてはありがたいです。もし組織として今後の対策がまだ決められていないのであれば、それについてはあとで連絡してくださってかまわないのですが、いずれにしても今後について納得感のある対策が示されると安心します。

　それから、トラブルに至るまでの経緯（時系列順に）やトラブルとなったときの子どもの様子がよくわかる詳しい報告であるとありがたいです。特に低学年の場合、子どもの説明だけでは実際に何があったのか、事実確認が難しいです。いつどんなことがあって、どのようなトラブルとなったのか、トラブル発覚後に子ども同士、それに担任の先生の間でどのような話し合いが行われたのかなど、事実を詳しく知りたいです。そのときに子どもがどんな様子で、どんな気持ちだったのかも伝えていただけると、保護者としてそのあと行う、わが子への声掛けも変わってくるので、この点も教えてくださると助かります。先生方がお忙しいことは重々承知していますが、保護者としての思いをお伝えしました。

（小学校 2 年生の保護者　匿名）

## （2）中学生保護者の声

　中学校2年生の父親です。成長と共に、あれだけ何でも話してくれたわが子も、自分の思いを話さないことが増えてきました。学校から帰ってきた娘の様子から「学校で何かあったな」と気がついて声を掛けるのですが、「何でもない」と言って話してくれないことも少なくありません。

　小学校のときとは異なり、学校行事や参観・懇談など学校の様子を見る機会が少なくなりました。そのため、担任の先生や同じクラスの友達であっても、話に出てくる名前と顔が一致しないことも多く、親として学校でどのように過ごしているのか不安を覚えます。

　小学校との大きな違いは、先輩・後輩の関係があることだと思います。以前、娘が先輩とトラブルになったとき、部活顧問の先生に相談したことがあります。「親からの相談があったことは本人に伏せてほしい」と先生に伝えたところ、「少し様子を見て、2〜3日以内に連絡します」との返事でした。翌日の夕方電話があり、「元気がないようだけど、どうしたの？」と自然に声をかけたとのこと。急いで問題を解決しようとするのではなく、子どもたちの様子を丁寧に観察し、また娘が帰宅していない時間帯を見計らって電話してくれたりと配慮の姿勢がうかがえ、親として安心できる対応だと感じました。その後1週間ほどして、先輩との様子について再度連絡がありました。大人の介入を嫌がる年頃でもあるので、娘には伏せたまま対応してくれたことに改めて感謝しました。

　身近に接する親であっても、思春期を迎えたわが子の心や体の変化に、日々戸惑うことが多いです。また、わが子のいじめやトラブルの兆候を感

じても「過保護すぎるのでは」と先生に相談するべきか迷うことも少なくありません。

「このぐらいことは中学生ではよくあること」と流してしまうのではなく、子ども自身や親の思いに耳を傾けてもらえると、心強いです。

（中学校2年生の保護者　匿名）

子どもの発達段階によって、子どもの様子や行動は変わります。小学校低学年であれば、保護者に自らいろいろと話をするものの、事柄の前後関係や全体像については、なかなかうまく伝えられません。

高学年から中学生になると、プライドのようなものが邪魔をして何も言わなくなってきたり、親の関与を疎ましく思ったりもしますから、話をしてくれないというのは、この時期の子どもにはよくあることです。

一方、保護者は、子どもの数が少なかったり、子育ての経験も初めてだったりしますので、教員が考えるよりも一つひとつのトラブルに戸惑ってしまいます。若い先生にとっては、そうした保護者の気持ちを想像するのは難しいことかもしれませんが、上記の保護者の声の中にヒントがあるような気がします。

**自分が誰かから被害を受けるより、わが子がそのような目に遭うことのほうが何倍も心配で、いたたまれない気持ちにもなるのが親です。**そうした保護者の気持ちに想いを馳せれば、保護者に対してどのように報告したらよいか、思い描くことができるように思います。

#  4 聴き取りだけでは終わらない 聴き取り

　本書では、聴き取りに焦点を当てました。聴き取りは、確かに事実を把握するために行うためのものではありますが、そこで終わるわけではありません。その先があります。

　まずは、学年や生徒指導主事、管理職、保護者等、関係者への報告です。その次に教員としてビジョンを持ちながら子どもと一緒に考え、指導が必要であれば指導するということです。もちろん記録も残します。

　先を見据えず、聴き取りだけを業務の一環のようにして行うと、失敗に終わってしまいます。聴き取りの「その先」をしっかりと見据えて、目の前の聴き取りに取り組む必要があります。

　「聴き取れば、聴き取ったことを記録する、そして関係者や関係機関に報告する、そのあとはどうしたらよいかまずは自分の頭で考え、そのあと同僚や子ども、保護者と一緒に考える」、このようにつなげて考えられることが大事です。これら一連のことの中に聴き取りが在るということを認識できるようになると、聴き取り方も自ずとこれまでとは違ってくるのではないでしょうか。

　聴き取りがうまくできると、子どもへの不適切な指導や保護者との余計なトラブルも減ります。正しく聴き取り、そのあと適切に対応すれば、重大事案も減るのではないでしょうか。

# 10章

専門職の「聴き取り方」

# 児童生徒に対する事実の聴き取りにおける注意点
## ～弁護士の話の聴き方～

神戸あかり法律事務所 弁護士　**仲谷 仁志**

## 1　「いじめ」における事実確認の注意点

　教員が、児童生徒に対して、事実についての聴き取りをする場合、児童生徒同士のトラブルに関するものが多いのではないでしょうか。

　いじめ防止対策推進法（以下、「法」）において、「いじめ」は「児童等に対して、当該児童等が在籍する学校に在籍している等当該児童等と一定の人的関係にある他の児童等が行う心理的又は物理的な影響を与える行為（インターネットを通じて行われるものを含む。）であって、当該行為の対象となった児童等が心身の苦痛を感じているもの」（法2条）と定義されており、「行為の対象となった児童等」が「心身の苦痛を感じている」かどうかという主観的な要素によって「いじめ」に該当するかどうかが変わるため、児童生徒同士のトラブルは、この定義に当てはまる可能性があることを常に考慮しておく必要があります。

　すなわち、教員が、児童生徒に対して、児童生徒同士のトラブルに関する事実についての聴き取りを行う場合は、常に、「いじめ」に該当する可能性があること、すなわち、法の規定に沿った対応が必要となる可能性があることを考慮しながら行うこととなります。

　法は、「いじめ」に対する措置として、「学校の教職員」は、「児童等からいじめに係る相談を受けた場合において、**いじめの事実があると思われるとき**は、いじめを受けたと思われる児童等が在籍する**学校への通報その他の適切な措置**をとるものとする」と定めており（法23条第1項）、さらに、通報を受けた「学校は、前項の規定による通報を受けたときその他当該学校に在籍する児童等がいじめを受けていると思われるときは、速やかに、当該児童等に係る**いじめの事実の有無**

<u>の確認を行うための措置</u>を講ずるとともに、その結果を当該学校の設置者に報告するものとする」と定めています（法23条第2項）。

　すなわち、「いじめの事実があると思われるとき」に「学校の教職員」に求められるのは、まずは、学校に設置されている「いじめの防止等の対策のための組織」（法第22条）との情報共有であり、事実の確認は、学校が組織的に行うことが想定されているのです。

　このため、教員は、児童生徒同士のトラブルで、「いじめの事実があると思われるとき」に該当する場合には、単独で拙速に事実の聴き取りに及ぶのではなく、速やかに他の教員に報告したうえで、組織的に事実の聴き取りに関する方針を決定したうえで、関係する児童生徒に対する聴き取りに及ぶ必要があります。

　慎重にしながらも、かつ、速やかな対応が求められることになりますので、日頃から、「いじめがあると思われるとき」が生じた場合に、どのように情報共有をするのか、どのように方針を決めるのかということを意識しておく必要があります。

## 2　事実の聴き取りが「二次被害」とならないために

　学校の設置者は、信義則上、児童生徒に対する安全配慮義務を負っているとされています。

　これは、「いじめ」（法2条）やいじめ以外の児童生徒間のトラブルに対する対処についても当てはまります。「いじめ」等の児童生徒間のトラブルを発見した教員は、「いじめ」等の被害を受けた児童生徒に対する心理的なケアを適切に行う必要があります。

　教員が、被害を受けた児童生徒に対して、事実の聴き取りをするときには、その聴き取りによって、被害を受けた行為に関する記憶を喚起してしまうことで、

163

さらに苦痛を感じてしまう可能性があります。

　特に、わいせつな行為など性的な被害を受けた児童生徒の場合、教員や保護者や警察などから何度も聴き取りをされてしまうことに伴う精神的な負担などが生じないように慎重に配慮する必要があります。

　警察と相談をするべき事案については、警察と連携のうえ、警察や保護者の意見を確認してから、事実の聴き取りに着手するべきであると考えます（わいせつな行為などにおいては事実の聴き取りは警察に任せたうえで、情報の共有を依頼するべき事案も多いと思われます）。

　教員の児童生徒に対する事実の聴き取りについては、それが「二次被害」となって、安全配慮義務に反するようなものとならないよう、慎重に配慮する必要があります。

## 3　事実の聴き取りと「指導」は分けて考える

　教員が、加害行為に及んだ児童生徒に対して、事実の聴き取りをするときにも上記と同じく安全配慮義務に反しないよう、注意が必要です。

　教員は、いじめ等の児童生徒間のトラブルが起こった場合、加害行為に及んだ児童生徒に対して、事実の聴き取りをすることとなりますが、これは、まずは、どの程度の指導が必要となるのかということを判断するために行うものではないでしょうか。ですので、事実の聴き取りと指導を同時並行的に行いながら進めることは適切ではないことも多いと思われます。

　仮に、事実の聴き取りと指導を同時に行った場合、児童生徒は、教員の指導の圧力によって、自分の認識とは異なる事実を認める供述をしてしまったり、当該行為に及んだ経緯について正直に話せなかったりと、正確な事実関係を把握することができなくなってしまう可能性もあります。このような場合、結果として、加害行為に及んだ児童生徒に対して、不必要に強い指導を行ってしまうリスクも

否定できず、また、当該児童生徒は不必要に強い指導によって心身に苦痛を感じてしまう可能性も否定できません。

　やはり、まずは、事実関係を明らかとすることを先行させることが重要であり、事実の聴き取りを行う際には、つとめて冷静にかつ穏やかな口調で正確な事実を引き出すことを意識するべきではないかと思われます。

　なお、児童生徒が、事実の聴き取りを拒否した場合、教員としては、聴き取りに応じない理由を確認したり、これまでの人間関係の背景を探るなどして、聴き取りに応じるよう説得を試みるものと思われます。

　しかしながら、児童生徒に対する聴き取りは強制的に行えるものではありません。可能な範囲での説得を試みても、なお、明確に拒否する場合には、児童生徒に対する聴き取りはその時点で中止するべきです。無理に長時間にわたって児童生徒を拘束したり、聴き取りに応じないことによって不利益を被るかのような発言をしたり、児童生徒の人格を否定するような発言をすることがないよう、厳に注意する必要があります。

　事実についての聴き取りの結果、事実関係が明らかとなれば、そこで明らかとなった加害行為の程度に応じて、必要な指導を行うことになります（「いじめ」に該当する場合は、法23条第3項に「指導」についての規定があります）。

# 限られた関係の中で重ねるやりとり
## ～家裁調査官の話の聴き方～

元家庭裁判所調査官　**横山 勝**

　家庭裁判所調査官（家裁調査官）は、20歳未満の人が法律違反をしたとき、家庭裁判所に行くよう連絡が届き、家庭裁判所に行ったときに最初に時間をかけて会う人となります。子どもや親御さんからすれば、法律違反をしたとは言え、警察官には何度も話をしたし、ときには検察官や学校の先生にも話をしているのに、また文書が届いて、親と一緒に家庭裁判所に出向かなければならないという状況で会うことになります。これまでよく知らない大人に、突然法律違反のことや普段の生活のことを聴かれ話さなくてはならないということになります。

　この手続きを定めているのが少年法です。少年法では、法律違反があった人に対し、法律や制度として進む手続きと同時に、その人が2度と同じような法律違反を起こすことがないように、法律違反をしてしまった背景やそのときの事情なども重視し、後者については、未成年者と話をしながら、その人の課題となっているところを焦点化し、そこに教育、福祉的な働きかけをするために、主にそれを担う職員を置くよう定め、その役割が家裁調査官などとなっています。

　そのため、多くの場合、家庭裁判所から連絡があって、親子で行ったとき、親子一緒か、子だけ、親だけで話をすることになります。多くの場合は1、2回で、数回に渡ることもありますが、1回限りということもあります。そして、**その1回限りの限られた関係の中で、どれだけのやりとりをしていけるか、家裁調査官の「聴き取り」は、そこが何よりも大事なこと**となります。

　最初に連絡をする文書も大事なことになります。大事なことは指定された日時に指定の場所に来てもらうという通知ですが、時にはここで工夫をしなければいけないこともあります。同様、実際に家庭裁判所なりで初めて会ったときの表情や声掛けも大切です。なんでもかんでも下手に出ればうまく行くということでは

なく、その人に応じたやり方でやらなければなりません。

　そして、だいたいは、**話をしたいと思って会ってくれる構造ではないところからの出発**です。あるいは親子の側が、下手に実情を話してしまうと、困った状況を呼びかねないと最低限のことを当たり障りのないように話そうという姿勢であることもあるでしょう。こうした思いを変えていくためには、話を続ける中で、親子が何を考えているかも確かめながら、一方で家裁調査官の側でわかったつもりになって、誤った仮説で話を進めるのではなく、**そのときその場で起こっている状況を温かい心と冷たい頭で、受け止め検証し、その中から最良の返しをしていく**ようにしなければなりません。

　このときやってはいけないことは、話を聴いているうちに、この親子の話は以前聴いた、あのときの親子と似ているなどと過度の類型化をしてしまうことです。もちろん、そのような見方をすることでわかってくることもあるでしょうが、それが過度となれば、聴き取りがうまくいかなくなります。まずはその親子やその周囲で起こっていることを丹念に先入観なく聴きながら、こちらで再構成して整理するものの、あくまで聴いたことを中心に、起こっている状況やそれによって生じている感情を漏らさず聴かなければなりません。

　そのためには、できれば事前に、そしてそれも先入観なく、得られる情報も同じように組み立てておく必要もあるでしょう。また、親子から最初に話を聴くときには、どういう目的で家庭裁判所で話をしなければならないのかということは結構時間をかけて説明し、誤ってとらえているようであれば、それを解かなければならないといった、その場を話しやすい状況にすることなども大切です。

　実際には、いつもそんなにうまく行くわけではありませんが、少なくとも、先入観や安易な決めつけをせず、起きていることを再構成することで、より良い情報が話題に上がり、それが親子の生活習慣や考え方を変えていくきっかけになれば、と心がけています。

# 3つの大前提
## 〜スクールカウンセラーの話の聴き方〜

東京情報大学教授・スクールカウンセラー　田邊 昭雄

## 1　大前提となるもの

　最初にスクールカウンセラー（以下、SC）の聴き方として大前提となるものを3つ挙げておきます。これは、SCというよりはカウンセラー全般の聴き方と言ってもいいかもしれません。

　①言い訳は聴く

　②その人の心的事実を聴く

　③調停するように聴く

　この3点について、多少重なる部分もありますが以下に述べます。

## 2　「言い訳は聴く」ということ

　──駐車違反をしてしまい、どうして違反したのかと理由を聴かれました。自分が悪かったことなので誠意を持って謝罪しましたが、理由を問われたので、正直に答えたところ、突然強い口調で「そんなのは言い訳だよね！」と言われてしまいました。そのとき自分が悪いのは重々承知だけれども、怒りに似た感情が湧き出てきたのです──

　これは卒業生から聞いた話ですが、感情の推移としてはよくわかる話だと思います。

　自分が全面的に悪かったので、何を言っても言い訳になってしまうと思い、言い訳はせずに謝った。ところが違反に至った理由を訊かれたので正直に（ある福祉ボランティアの会議に遅れそうになったということでした）答えたところ、「それは言い訳だよね」ときつくとがめられた。本人からすれば「そう思ったから言わ

なかったのに」となってしまい、元々の反省の気持ちが薄れ、相手への否定的感情が大きくなってしまいます。

　ですから、言い訳はとがめるために聴くのではなく、その人なりの主張（取ってつけたようなものであったとしても）を理解しようという態度で聴く必要があります。これは生徒の場合も全く同様です。しかしながら理解するということは、それを肯定するということではありません。これが次の心的事実という問題です。

## 3　「心的事実を聴く」ということ

　生徒の行動には多かれ少なかれ何らかの主張（言い分）があります。それは自分の中の心的事実と結びついているものです。その人なりの正義と言い換えてもいいかもしれません。ですから芥川龍之介の『藪の中』で扱われているように、同じ事実に対しても、人によって評価が違うことになります。『ヴェニスの商人』では、シェイクスピアは人情噺よろしく一般市民の正義を語りますが、これを読んだイエーリングという法学者は、『権利のための闘争』という本の中でひたすらに権利（法）を追求する側の正義を語りました。

　ですから生徒が自身の心的事実に、自らたどり着くように聴くことが、SCにとってはとても重要です。それがその生徒なりの正義の背景にあるものだからです。

## 4　「調停するように聴く」ということ

　最後は、その心的事実が学校や社会に受け入れられるものなのかどうかということを、生徒自身が自ら吟味できればベストです。自分なりの正義と学校や社会の求める正義にきちんと折り合いをつけるということです。SCはそれを手助けできるように聴くことになります。

# 顔見知りだけど評価を下さない存在
## ～養護教諭の話の聴き方～

東京都立小笠原高等学校 主幹養護教諭　坂下 朋子

　子どもに何かトラブルがあったときに、よく担任や生徒指導担当者から「子どもから話を聴いてみてもらえないか」という依頼が養護教諭に来ることがあります。学校で対応する子どもの問題は多岐にわたり、内容によっては子どもが口を開いてくれないというパターンも多くあります。そのようなとき、指導的な立場ではない養護教諭には、子どもたちが安心して話せるのではないかという思いを教員たちから感じます。

　しかし、それほど簡単なことではありません。私が子どもの話を聴くときに心がけていることは、①寄り添い、②話を受容し、③共感することです。

　問題を持つ子どもの多くは自分のことで話を聴かれるというだけで緊張して話ができなかったり、逆に虚勢を張って黙ってしまう場合もあります。「どんなあなたでもいいんだよ」という姿勢で話を聴き、おかしいと思ったことでも、まずは受け止め、関係性を築くところから始めます。

## 1 落ち着いて話ができる環境

　過去にあった事例について話をします。

　Ａは友人の鞄からゲーム機を盗み、それをＢに見られ、Ｂが担任に報告しました。生徒指導担当者はすぐにＡから事情を聴いて、指導をしたところ、泣きじゃくるばかりで、話ができない状況になり、保健室に連れて来られました。本来なら悪いことをしたのだから、担当者から叱られて当然と思いますが、まずは相談室のような静かな環境に移動し、そこで養護教諭が見守ることから始めます。横にティッシュとゴミ箱を置き「使っていいよ」と声をかけると、少しすると自然とティッシュに手が伸びます。その頃には少し落ち着き、話ができるようになり

ます。養護教諭が真正面に座ってしまい顔が見えると話しにくい場合があるので、90度の位置に座るか、時には横に座ることもあります。声のトーンや語り掛ける言葉も大切です。あまり大きくなく、落ち着いた声で語り掛け、話を聴いていきます。直接的に聞くより、事情を知らないふりをして「何かあったの？」と問いかけをし、子どもが話せるペースを大事にします。話ができない子どもには、首を縦か横に振ることで答えられる投げかけをしていきます。その中で、子どもの置かれる背景が見えてきて、経済的な問題による物欲、ストレスによる衝動性、友人からの指示によるいじめの背景、発達障害……多くの問題が話を聴くことで見えてきます。もちろんその後の対応は学校として考え、関係機関につないでいくことになります。流れの中で、まず最初にその子どもと向き合い話ができるのは、**普段から顔を知っていて、評価を下さない立場の養護教諭だからという「安心感」**が「強み」だと感じています。

## 2　日常でのかかわり

　日常生活の中、私は子どもたちに、例えば、廊下ですれ違ったときに少しでも声を掛けます。髪型を変えた、洋服が似合う等、たわいないことです。しかし、このようなことが生徒の記憶に残り、関係性ができるのではないかと思い継続しています。このことが何かトラブルがあったとき、スムーズに話を聴くことに役立ちます。

　子どもたちに問題が生じたときに相談できる場所は家庭や学校と意外に狭く、相談できないままに問題が大きくなってしまう場合も考えられます。養護教諭は普段から近くにいて、気楽に話を聴いてくれる大人と、子どもたちから思われる存在になれればよいと感じます。

※本書は『月刊生徒指導』2023年12月増刊号『生徒指導の聴き取り方 場面設定から質問技法まで』を大幅に加筆・修正し、書籍化したものです。

# おわりに

　教員の持つエネルギーは限られています。聴き取りがうまくできると、トラブルも早く収めることができ、余計なエネルギーを使う必要がなくなります。筆者は、教員の持つ貴重なエネルギーを大事にしてもらいたい、こじらせた問題に延々と時間を費やして疲弊するより積極的に発達支持的生徒指導にエネルギーを使っていただきたい、教室で子どもとふれあう時間を確保してほしいと強く願っています。その方策はたくさんありますが、本書では聴き取りの観点から迫ってみました。

　本書を読んでくださったみなさんが、聴き取りの重要性に気づき、聴き取りに自信を持っていただけたら、執筆した意味もあったことになります。あとはみなさんが現場で実践していただき、貴重なエネルギーを教材研究や子どもたちとのふれあいなどに費やしていただけたらと思います。

　本書作成の過程では、司法面接の専門家である仲真紀子先生からアドバイスをいただき、言葉にできないほど多くの力を得ることができました。また、京都教育大学大学院在学院生のみなさん、修了生で小学校教諭の扇拓也さん、小林奈央さん、阪田悠暉さん、田中清明さん、中学校教諭の狩屋壱成さん、隅田愛夏さん、松原健明さん、小学校管理職の元生安宏さんなどたくさんの修了生、さらには保護者の方からも貴重なアドバイスをいただき、助けてもらいました。力を貸してくれたみなさま、本当にありがとうございました。

2023年秋　片山 紀子

## Special thanks

　執筆にあたり、理化学研究所理事でもある仲真紀子先生からたくさんのアドバイスをいただきました。ここに感謝申し上げます。

**仲 真紀子**（なか・まきこ）
理化学研究所理事・北海道大学名誉教授・立命館大学招聘研究教授。発達心理学、認知心理学、法と心理学が専門。被害にあったとされる子どもから負担なく、正確な情報を得るための面接法（司法面接）の研究を進めてきた。司法面接の研修も行っている。
著書に『子どもへの司法面接―考え方・進め方とトレーニング』（有斐閣）など。連載として「子どものための司法面接」（『内外教育』2018～2019）、「『司法面接』子どもから正確な証言を引き出す技術」（『教育新聞』2018～2020）、「子どもの話を聴くための手法と実践例―司法面接の技法をいかして」（『家庭の法と裁判』2019～2023）などがある。

## 編著者プロフィール

### 片山 紀子 （かたやま・のりこ）

奈良女子大学大学院人間文化研究科比較文化学専攻博士後期課程修了　博士（文学）。現在、京都教育大学大学院連合教職実践研究科教授。

著書に『五訂版 入門生徒指導―『生徒指導提要（改訂版）』を踏まえて―』（学事出版・単著）、『生徒指導の記録の取り方―個人メモから公的記録まで―』（学事出版・共著）、『アメリカ合衆国における学校体罰の研究―懲戒制度と規律に関する歴史的・実証的検証―』（風間書房・単著）などがある。

○お問い合わせ：noriko@kyokyo-u.ac.jp

第6章　吉田　順　生徒指導コンサルタント

第10章　仲谷 仁志　神戸あかり法律事務所 弁護士

横山　勝　元 家庭裁判所調査官

田邊 昭雄　東京情報大学教授・スクールカウンセラー

坂下 朋子　東京都立小笠原高等学校 主幹養護教諭

# 生徒指導の聴き取り方
## ～場面設定から質問技法まで～

2024年2月20日　　初版第1刷発行
2024年9月10日　　初版第2刷発行

編著者　　片山紀子
発行人　　鈴木宣昭
発行所　　学事出版株式会社
　　　　　〒101-0051　東京都千代田区神田神保町1-2-5
　　　　　電話　03-3518-9655
　　　　　https://www.gakuji.co.jp/

イラスト　　松永えりか
本文・表紙デザイン　　松井里美
印刷・製本　　研友社印刷株式会社